O GUIA DO AUTISMO PARA ADULTOS

INSIGHTS PARA AUTOCONHECIMENTO, IDENTIDADE, CRESCIMENTO PESSOAL, CONEXÕES SOCIAIS, DESENVOLVIMENTO PROFISSIONAL E COMO ALCANÇAR O SUCESSO ALÉM DOS RÓTULOS

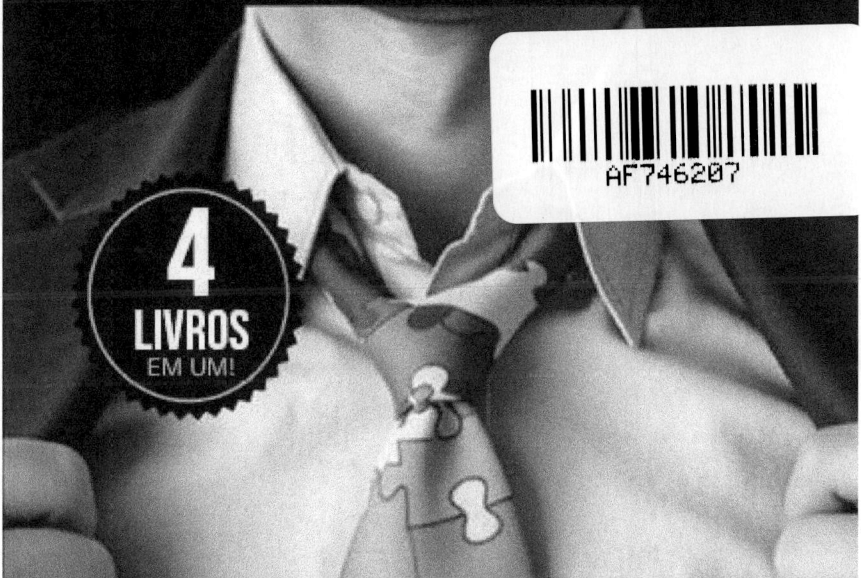

AF746207

JJ Andrade, MBA

O GUIA DO AUTISMO PARA ADULTOS

INSIGHTS PARA AUTOCONHECIMENTO, IDENTIDADE, CRESCIMENTO PESSOAL, CONEXÕES SOCIAIS, DESENVOLVIMENTO PROFISSIONAL E COMO ALCANÇAR O SUCESSO ALÉM DOS RÓTULOS.

Para **Daniel Andrade**,

Espero que este livro seja uma fonte constante de coragem, propósito e autenticidade. Você é a luz que ilumina minha vida, e eu o incentivo a abraçar a beleza de ser quem você realmente é, conforme cresce. Obrigado por me ajudar a descobrir meu próprio caminho com confiança, por me lembrar de que minha história importa e que nossas possibilidades são infinitas.

Com todo o meu amor,

papai

Para **Rafael Baltresca**,

Obrigado pelo incentivo e a confiança em mim depositada, por seguir ao meu lado nesta jornada e por compartilhar sua sabedoria de forma tão generosa, reforçando a importância de construir pontes de compreensão e respeito para todos. Sincera gratidão quanto à sua sensibilidade, aliada à vasta experiência em hipnose e desenvolvimento pessoal. Seu apoio constante, seu compromisso em disseminar conhecimento e sua dedicação em ajudar as pessoas a descobrirem todo o seu potencial são inspirações inestimáveis.

Para **Wagner Spolaor (Rasputin)**,

Gostaria de expressar minha profunda gratidão ao seu trabalho de revisão desta obra para a versão em português. Sua contribuição não se limitou apenas à correção do texto, mas também ao cuidado, ao respeito e à valorização das vozes neurodivergentes. Agradeço por todo o tempo e empenho dispensados, assim como pelo incentivo constante em prol de uma sociedade mais inclusiva. Seu trabalho e exemplo, Wagner, são verdadeiras fontes de força e inspiração.

© Copyright JJ Andrade 2025 - Todos os direitos reservados.

O conteúdo deste livro não pode ser reproduzido, duplicado ou transmitido sem a permissão expressa do autor ou do editor.

Sob nenhuma circunstância, o editor ou o autor serão responsabilizados por danos, reparações ou perdas monetárias decorrentes das informações contidas neste livro, seja de forma direta ou indireta. Você é responsável pelas suas próprias escolhas, ações e resultados.

Aviso Legal:

Este livro é protegido por direitos autorais e é de uso pessoal. Você não pode alterar, distribuir, vender, usar, citar ou parafrasear qualquer parte do conteúdo deste livro sem o consentimento do autor ou do editor.

Aviso de Isenção de Responsabilidade:

Observe que as informações contidas neste documento são destinadas exclusivamente a fins educacionais e de entretenimento. Todos os esforços foram feitos para apresentar informações precisas, atualizadas, confiáveis e completas. No entanto, nenhuma garantia de qualquer tipo, expressa ou implícita, é oferecida. Os leitores reconhecem que o autor não está oferecendo consultoria legal, financeira, médica ou profissional. O conteúdo deste livro foi derivado de várias fontes. Consulte um profissional licenciado antes de tentar qualquer técnica descrita neste livro.

Ao ler este documento, o leitor concorda que, sob nenhuma circunstância, o autor será responsável por quaisquer perdas, diretas ou indiretas, resultantes do uso das informações contidas neste documento, incluindo, mas não se limitando a, erros, omissões ou imprecisões.

Introdução

Houve um momento relativamente tranquilo durante minha consulta, mas de grande impacto. Sentado em frente ao psicoterapeuta, ouvi palavras que mudariam para sempre a maneira como eu me via: "Você é superdotado e tem Transtorno do Espectro Autista (TEA) Nível 1." Naquele instante, o mundo pareceu parar, e uma clareza tomou conta de mim. O que antes parecia uma vida inteira de peculiaridades e momentos de desconexão, de repente fez sentido.

Foi como se um véu tivesse sido retirado, revelando um complexo painel de experiências que moldaram quem eu sou. Receber o diagnóstico de TEA Nível 1 e saber da minha superdotação, adulto foi como encontrar um mapa depois de anos perdido em um labirinto. Foi ao mesmo tempo libertador e avassalador — libertador pois me deu um entendimento sobre as lutas e vitórias do passado, e avassalador, pois exigiu uma reavaliação da minha identidade e a coragem de aceitá-la.

Essa revelação transformou a confusão em compreensão, capacitando-me a retomar minha narrativa com uma confiança renovada. Por anos, vivi em um mundo de imitação, tentando encaixar-me em normas sociais que nunca faziam sentido. As interações sociais eram como quebra-cabeças com peças faltando, e regras não ditas sempre escapavam ao meu entendimento. Navegava pela vida imitando comportamentos e tentando decifrar sinais sociais como se estivessem em um idioma estrangeiro. Apesar de dar o meu melhor, muitas vezes sentia-me como um ator no palco, dizendo falas que nunca pareciam totalmente certas. Atribuía grande parte dessa dissonância social ao fato de ser de outra cultura. No entanto, após o diagnóstico, embarquei em uma jornada de transformação e aceitação, aprendendo a reconhecer meu eu autêntico e a celebrar as formas únicas com que minha mente funciona.

Eu sou JJ Andrade — não sou psicoterapeuta nem especialista certificado em TEA, mas alguém que nasceu nesse caminho e desenvolveu uma compreensão mais profunda sobre o que significa ser autista em um mundo projetado para neurotípicos. Minha experiência profissional abrange Ciência de Dados, Gestão de Negócios, Engenharia e outras áreas que, à primeira vista, podem parecer não relacionadas, mas estão intrinsecamente conectadas por uma busca comum por eficiência e propósito. Este guia se baseia nesses campos, combinando *insights* da Psicologia, princípios cristãos e virtudes estóicas para oferecer uma abordagem holística de auto descoberta e crescimento pessoal.

Este livro é mais do que apenas um guia; é um companheiro em nossa jornada compartilhada rumo à compreensão e ao empoderamento. Ao contrário dos livros acadêmicos, este guia foca em estratégias práticas e aplicáveis para autodefesa, crescimento pessoal e sucesso profissional apresentadas por alguém que está vivenciando isso na prática. Ele promove a compreensão e aceitação da neurodiversidade, incentivando os leitores a abraçarem suas forças e identidades únicas.

Este recurso tem como objetivo ajudar os leitores a superarem desafios comuns enfrentados por adultos autistas, como a navegação nas interações sociais, o avanço na carreira e a exploração da identidade pessoal. Seu público-alvo inclui adultos autistas em busca de empoderamento, indivíduos neurodivergentes que abraçam sua identidade, entusiastas do desenvolvimento pessoal e defensores da conscientização sobre o autismo. O guia reconhece os diferentes contextos e necessidades de seus leitores, oferecendo uma abordagem focada nas forças individuais, adaptada a um público culturalmente diverso.

A estrutura do *Guia do Autismo para Adultos* é inspirada na organização de um texto sagrado, dividido em quatro livros distintos, cada um com um foco temático: "O Livro da Identidade e Autoconfiança"; "O Livro das Habilidades Sociais e Relacionamentos"; "O Livro do Crescimento Profissional" e "O Livro da Melhoria Contínua e Sucesso ao Longo da Vida".

Cada livro explora esses temas a fundo, oferecendo uma base detalhada para o desenvolvimento pessoal. O diferencial deste guia é o seu foco em estratégias práticas, além das minhas experiências reais de vida, que trazem *insights* e a perspectiva neurodivergente sobre esses tópicos, capacitando os leitores a explorarem seu potencial e a alcançarem seus objetivos.

Embora eu compartilhe minha jornada pessoal,

reconheço plenamente que o TEA Nível 1 (comumente chamado de Asperger) é muito mais amplo do que minha experiência individual. Ao ler este livro, incentivo você a refletir ativamente sobre o conteúdo, aplicar as estratégias e compartilhar suas experiências com sua comunidade — incluindo aqueles em níveis mais altos do espectro. Esse guia convida você a embarcar em um caminho de autodescoberta e empoderamento, oferecendo um mapa para navegar pela vida além dos rótulos e prosperar. Poderia esse ser o ponto de partida para ajudá-lo a redefinir o sucesso de uma maneira única?

Livro 1: O Livro da Identidade e Autoconfiança

Você já passou por uma descoberta tão profunda que te motivou a olhar novamente para cada elemento da sua presença? Para muitos adultos autistas, receber um diagnóstico médico mais tarde na vida é exatamente essa descoberta: um momento crucial que transforma complicações em clareza. É como desatar nós, uma revelação que ilumina padrões e comportamentos complexos que antes pareciam misteriosos. Honestamente, esse diagnóstico muitas vezes funciona como um sinal, ajudando a entender o quebra-cabeça das experiências passadas e proporcionando uma nova compreensão da própria identidade.

Você recebe uma chave para uma porta que estava trancada há anos. Atrás dela, existe uma vasta riqueza de autoconhecimento e perspectiva.

1.1 Descobrindo Sua Neurodiversidade: Uma Jornada até o Diagnóstico Tardio

Compreender o Diagnóstico Tardio é uma experiência tanto poderosa quanto transformadora. Para aqueles que navegaram pelas complexidades da vida sem o benefício desse entendimento, a descoberta de um diagnóstico de autismo na fase adulta pode representar uma fase de transição.

Ela traz um profundo senso de alívio, à medida que as peças do quebra-cabeça da vida finalmente se encaixam perfeitamente.

Você deixa de se questionar por que as interações sociais pareciam difíceis ou por que certos ambientes pareciam intimidantes. Essa nova clareza traz uma perspectiva que ajuda a ver suas experiências de forma diferente, transformando as dificuldades do passado em histórias de resiliência e força. Você começa a perceber a força única que sempre fez parte da sua identidade, agora vista através da ótica da neurodiversidade.

Explorar as reações psicológicas a um diagnóstico médico tardio é, por si só, uma jornada repleta de sentimentos que vão do alívio à complexidade e, eventualmente, à aceitação. É completamente natural experimentar uma mistura dessas emoções enquanto você se preocupa com a redefinição da sua identidade. Algumas pessoas encontram alívio ao compreender o motivo de sempre se sentirem diferentes, enquanto outras podem correr para enfrentar as consequências do diagnóstico. Talvez você vivencie momentos de reflexão, questionando os padrões sociais que antes tentava seguir.

Para lidar com esses sentimentos de maneira eficaz, considere adotar práticas de *mindfulness* (atenção plena) e escrever um diário reflexivo. Essas ferramentas podem ajudá-lo a expressar seus pensamentos e emoções, criando um espaço seguro para explorar sua identidade em evolução.

Tais ferramentas podem ajudar você a compartilhar suas ideias e sentimentos, oferecendo um refúgio para descobrir sua identidade em evolução.

Construir uma nova compreensão de si mesmo exige reflexão e intencionalidade. Ao reavaliar seus pensamentos, emoções e ações passadas sob a perspectiva do autismo, você pode acabar reavaliando suas forças e fraquezas.

Essa reavaliação não é apenas um exercício de autoanálise, mas também uma maneira poderosa de autodescoberta e crescimento. Práticas de escrita em diário podem ser essenciais, permitindo que você registre seus pensamentos e sentimentos à medida que evoluem. Considere escrever sobre experiências específicas que o deixaram perplexo e explore como sua nova compreensão do autismo traz clareza. Você pode perceber que as qualidades que antes via como fraquezas são, na verdade, pontos fortes que podem ser usados a seu favor.

Nesta fase, vamos explorar como desenvolver um entendimento profundo da sua identidade, oferecendo percepções e métodos para incentivá-lo a aceitar seu verdadeiro eu. Ao iniciar essa jornada transformadora, lembre-se de que você não está sozinho.

Muitas outras pessoas trilharam esse caminho e encontraram força em sua neurodiversidade, descobrindo que as qualidades que as tornam únicas são, na verdade, os atributos que as tornam excepcionais. Abra-se para essa jornada com curiosidade e um coração aberto, pronto para explorar o potencial profundo e a riqueza da sua identidade.

1.2 Aceitando Sua Identidade Única em um Mundo Neurotípico

Viver em uma sociedade que segue padrões neurotípicos apresenta um conjunto único de desafios, especialmente quando se trata de manter a autenticidade. Desde muito cedo, somos sutilmente condicionados a nos conformar às expectativas sociais, priorizando a conformidade em vez da individualidade. Essa pressão para se integrar pode parecer um fardo invisível, empurrando a nos moldar em formas que não se encaixam completamente.

Imagine um escultor trabalhando em um bloco de mármore, não para revelar a beleza inata, mas para forçá-la a uma forma fixa. A expectativa social de se ajustar pode ser tão rígida quanto o cinzel do escultor, e a luta para permanecer genuíno apesar dessa pressão pode ser difícil. A primeira coisa necessária a se fazer é reconhecer essas expectativas como o que são: algo que não define seu verdadeiro valor ou potencial. Reconhecer e analisar esses padrões é essencial para permanecer autêntico, permitindo que você molde seu caminho com intenção e integridade.

Permanecer fiel a si mesmo exige um compromisso com a autoconsciência e a autorreflexão. Trata-se de reconhecer e abraçar as características e perspectivas únicas que o tornam diferente. Isso significa reconhecer suas forças, como a atenção aprimorada aos detalhes ou a capacidade de perceber padrões que outros podem não notar.

Inclui identificar e acolher as características e pontos de vista distintos que o tornam único. Isso implica reconhecer suas habilidades, como um foco aguçado nas informações ou a capacidade de perceber padrões que podem passar despercebidos por outros.

Essas não são falhas a serem escondidas, mas sim aspectos da sua identidade que merecem ser celebrados. Manter-se fiel a si mesmo exige uma decisão consciente de resistir à pressão social para ocultar ou minimizar sua neurodiversidade. Envolve cultivar um senso de respeito próprio, independentemente da validação externa, e encontrar conforto no conhecimento de que a autenticidade é uma força, não uma fraqueza. Celebrar a neurodiversidade é um ato de desobediência contra a ideia amplamente difundida de que a diferença significa escassez.

Ela enaltece a diversidade da experiência humana e sugere que a variedade enriquece o nosso mundo. Aceite afirmações positivas que reforcem seu valor e suas possibilidades. Lembre-se diariamente de que sua neurodiversidade não é uma barreira, mas sim uma lente única através da qual você vê o mundo, oferecendo perspectivas valiosas e essenciais.

Considere as histórias de pessoas autistas bem-sucedidas que não apenas aceitaram sua neurodiversidade, mas prosperaram graças a ela.

Pense em pioneiras como Temple Grandin, cujos *insights* sobre o comportamento animal transformaram o manejo de animais, ou Greta Thunberg, cuja dedicação incansável à defesa ambiental impulsionou um movimento global. Tais pessoas servem como lembretes poderosos de que a neurodiversidade não é algo a ser escondido, mas sim algo a ser celebrado e compartilhado.

Cultivar a autoestima em um mundo onde muitas vezes interpreta mal ou desvaloriza a neurodiversidade exige um esforço intencional para desenvolver uma imagem positiva de si mesmo. Exercícios de construção de confiança podem ser uma maneira eficaz de fortalecer a autoimagem positiva.

Participe de atividades que destaquem suas forças, seja em busca de soluções criativas, desafios de resolução de problemas ou oportunidades de falar em público. Situações de simulação também podem ser uma ferramenta importante para navegar em interações sociais, permitindo que você pratique e refine suas habilidades de comunicação em um ambiente seguro e acolhedor.

Esses exercícios oferecem não apenas a prática, mas também a tranquilidade de que você pode navegar por contextos sociais com graça e autoconfiança.

À medida que você abraça sua identidade única, lembre-se de que a autenticidade não é um destino, mas uma prática constante.

É a determinação de defender seu valor, junto com suas realidades, mesmo quando elas fogem do padrão. Ao fazer isso, você abre o caminho para que outros sigam criando uma cultura que valoriza a diversidade em todas as suas formas. Abrace sua neurodiversidade com orgulho e permita que ela o guie, pois é seu maior tesouro, um testemunho de sua força e potencial.

1.3 Quebrando Estereótipos: Redefinindo o Autismo Além dos Rótulos

Os estereótipos sobre o autismo muitas vezes perpetuam equívocos que reduzem a vasta gama de experiências neurodivergentes a caricaturas simplistas. Esses equívocos podem variar desde a suposição de que todos os indivíduos autistas são gênios matemáticos no estilo de Hollywood até a crença de que o autismo é sinônimo de falta de empatia ou interesse social. Tais estereótipos não apenas obscurecem a diversidade dentro do espectro autista, mas também fomentam o mal-entendido e o estigma. É fundamental desafiar esses estereótipos e promover discussões abertas que desmistifiquem crenças preconceituosas e incentivem uma compreensão mais inclusiva do autismo.

A realidade é ainda mais complexa, pois a experiência do autismo de cada pessoa é única e formada por variáveis individuais, ambientais e sociais.

Por exemplo, enquanto algumas pessoas podem, sem dúvida, se destacar em detalhes, outras podem não se encaixar nessas definições limitadas, mas possuem forças em áreas como criatividade, raciocínio analítico ou inteligência emocional. Educar colegas e parceiros de trabalho é fundamental para desmistificar esses equívocos, promovendo discussões abertas que desafiem ideias preconceituosas e incentivem uma compreensão mais inclusiva do autismo.

Para redefinir a identidade individual além dos rótulos sociais, é necessário que as pessoas construam uma narrativa que ressoe com seu eu genuíno. Isso envolve uma separação consciente dos rótulos impostos por suposições externas, abraçando uma autodefinição que reflita as experiências vividas e o valor pessoal.

Uma abordagem eficaz é escrever uma declaração pessoal sobre ideias, forças e ambições. Este documento serve como um lembrete prático da originalidade e da unicidade que definem cada pessoa, proporcionando clareza e convicção, mesmo diante da pressão social pela adaptação.

Compartilhar histórias e experiências pessoais pode ser transformador tanto para quem as conta quanto para o público. Essas histórias validam a identidade individual e influenciam os outros a ver além dos rótulos, reconhecendo a profundidade e a complexidade das experiências autistas.

A representação positiva na mídia, juntamente com a cultura, desempenha um papel fundamental na formação das percepções públicas e na compreensão do autismo. É essencial destacar exemplos diversos de pessoas autistas em várias áreas, desde atletas profissionais até estrelas, pesquisadores e ativistas. Essas pessoas quebram estereótipos, mostrando a natureza variada do autismo e o potencial de sucesso em diferentes áreas. Por exemplo, o sucesso de pessoas como Sir Anthony Hopkins, que discutiu abertamente seu autismo, demonstra que a neurodiversidade pode coexistir com a grandeza criativa e o reconhecimento.

Promover representações precisas na mídia é tão importante quanto garantir que as histórias sobre o autismo reflitam sua diversidade e profundidade. Uma representação que capture adequadamente a variedade de experiências autistas pode esclarecer equívocos e incentivar a aceitação, abrindo caminho para uma cultura mais inclusiva.

Criar ambientes onde o diálogo aberto sobre o autismo possa prosperar é essencial. Esses espaços promovem compreensão e empatia, permitindo que indivíduos compartilhem suas experiências e percepções sem medo de julgamento ou mal-entendidos. Ao incentivar essas discussões abertas, podemos derrubar barreiras, desmistificar preconceitos e construir uma sociedade mais inclusiva.

Organizar ou participar de debates e painéis oferece uma plataforma para que vozes diversas dentro da comunidade autista sejam ouvidas, promovendo discussões que desafiem estereótipos e estimulem a conscientização. As redes sociais também são ferramentas poderosas para gerar conscientização, fornecendo um espaço para que as pessoas compartilhem suas histórias, defendam mudanças e se conectem com uma comunidade global. Ao usar essas plataformas, podemos amplificar vozes historicamente marginalizadas, contribuindo para uma transformação social mais ampla em direção à inclusão e compreensão.

Ao explorarmos esses temas complexos, é fundamental abordá-los com empatia e disposição para questionar nossas próprias suposições.

Ao romper com estereótipos e redefinir o autismo além dos rótulos, não apenas reconhecemos os pensamentos, emoções e ações do passado relacionados ao autismo, mas também contribuímos para uma narrativa coletiva que celebra a neurodiversidade como parte essencial da experiência humana.

Que possamos trabalhar para construir um mundo onde todos sejam valorizados por suas contribuições e possibilidades únicas, sem as limitações de rótulos e pressupostos ultrapassados.

1.4 O Poder da Autodefesa: Sua Voz, Sua Força

A autodefesa é um alicerce fundamental para o empoderamento, especialmente para pessoas autistas vivendo em um mundo que frequentemente não compreende ou negligencia suas necessidades. Trata-se de expressar desejos, preferências e direitos, além de garantir acomodações essenciais em diferentes contextos, seja no ambiente de trabalho, em instituições de ensino ou em relações pessoais. Para muitas pessoas, esse conceito pode parecer inicialmente desafiador; no entanto, é crucial entender que a autodefesa vai além de apenas solicitar o que é necessário — ela envolve o cultivo de um senso de agência e independência.

As habilidades necessárias incluem comunicação assertiva, autoconsciência e conhecimento dos próprios direitos e recursos disponíveis. Ser assertivo significa expressar-se de maneira honesta e respeitosa, sem agressividade ou passividade — um equilíbrio que frequentemente exige prática e confiança.

Navegar por organizações e sistemas exige uma compreensão clara de suas estruturas, que muitas vezes podem parecer complicadas e intimidadoras. No entanto, entender como comunicar suas necessidades de forma eficaz pode transformar essas interações em oportunidades de crescimento e suporte.

As habilidades de comunicação são fundamentais para a autodefesa, funcionando como o veículo por meio do qual sua voz é ouvida.

Refletir sobre experiências passadas e comparar momentos de comunicação genuína com aqueles em que se imitaram normas sociais pode ser esclarecedor. Muitas pessoas autistas, incluindo eu mesmo, passaram anos replicando comportamentos para se encaixar, muitas vezes à custa de sua autenticidade.

Por outro lado, uma autodefesa eficaz exige uma expressão autêntica. Exercitar a assertividade pode começar com pequenos passos, como expressar preferências em situações de baixo impacto ou usar declarações iniciadas com "eu" para comunicar sentimentos e necessidades de forma clara.

Esses apoios funcionam como uma ponte, garantindo que sua mensagem seja transmitida de forma precisa e completa.

Criar um plano pessoal de autodefesa é uma

estratégia deliberada que capacita as pessoas a abordarem a autodefesa com propósito e clareza. Esse plano envolve definir objetivos específicos, identificar as áreas que necessitam de suporte e mapear as etapas necessárias para alcançar esses objetivos.

Pense em quais acomodações ou ajustes poderiam melhorar significativamente sua qualidade de vida ou ambiente de trabalho e priorize essas necessidades no seu plano. Além disso, é fundamental identificar aliados e recursos que possam apoiar suas iniciativas de autodefesa. Aliados podem incluir colegas de confiança, mentores ou membros da comunidade neurodivergente que entendam e apoiem suas necessidades. Construir uma rede de apoio fortalece suas iniciativas, oferecendo motivação e orientação nos momentos de desafio.

Superar os desafios da autodefesa é uma parte inevitável do processo, pois resistências e dificuldades são comuns. Construir resiliência diante desses obstáculos é essencial, permitindo que você os enfrente com determinação e flexibilidade.

Uma estratégia eficaz é reinterpretar os problemas como oportunidades de aprendizado, que podem refinar sua abordagem e fortalecer sua determinação. A resiliência se desenvolve com a perseverança e a disposição de ajustar estratégias conforme necessário, reconhecendo que cada desafio é uma chance de crescer e aprimorar suas habilidades de autodefesa.

Não importa quão pequenas sejam, essas vitórias

representam suas capacidades e progresso; por isso, é fundamental celebrar cada conquista ao longo do caminho.

No universo da autodefesa, sua voz é sua força, uma ferramenta poderosa que, quando utilizada de maneira eficaz, pode transformar suas experiências e habilidades de comunicação. A jornada rumo a uma autodefesa eficiente é de crescimento contínuo, com cada passo dado sendo um testemunho de sua resiliência e determinação. Abrace esse processo com confiança e curiosidade, reconhecendo que sua voz importa e que seus esforços de defesa contribuem para um movimento mais amplo em direção à inclusão e compreensão.

À medida que você avança nessa jornada, lembre-se de que a autodefesa não se trata apenas de alcançar resultados específicos, mas de viver uma vida na qual suas necessidades sejam reconhecidas e valorizadas.

1.5 Comemorando a Força: Transformando Desafios em Sucessos

Na vasta tapeçaria da experiência humana, cada fio representa uma força, habilidade ou talento único que contribui para a rica diversidade da vida. Para aqueles no espectro do autismo, identificar e celebrar esses fios pode transformar desafios em sucessos.

O primeiro passo nesse processo transformador é reconhecer suas forças singulares. Considere criar um inventário de forças — uma lista detalhada que incorpore suas capacidades, habilidades e interesses. Reflita sobre momentos em que você obteve sucesso, seja em contextos profissionais, projetos pessoais ou interações sociais. Esse exercício não apenas destaca suas competências, mas também fornece uma base para construir sua vida pessoal e profissional.

Participar de exercícios reflexivos para autoconhecimento pode tornar esses desafios ainda mais claros, ajudando a compreender como podem ser aproveitados em diversos contextos.

Embora geralmente sejam complicados, os obstáculos carregam em si o potencial para crescimento e oportunidades. Ao reestruturarmos nossa visão sobre os obstáculos, transformando-os em possibilidades, cultivamos uma mentalidade que encara as adversidades como estímulos para o desenvolvimento.

Desenvolver habilidades analíticas é como aperfeiçoar uma arte: cada desafio traz uma nova questão a ser resolvida, um exercício de criatividade e engenhosidade.

Analise figuras históricas e contemporâneas que transformaram adversidades em vantagens, utilizando suas experiências para impulsionar inovações e conquistas. De inventores que converteram fracassos em descobertas revolucionárias a artistas que canalizaram suas lutas pessoais em obras de arte marcantes, essas histórias são exemplos práticos de resiliência humana. Tais narrativas nos inspiram a enxergar cada obstáculo como um passo em direção a realizações maiores.

O desenvolvimento de uma mentalidade voltada para

o crescimento é essencial nessa busca por evolução contínua.

Essa mentalidade, baseada na ideia de que habilidades e conhecimentos podem ser cultivados com dedicação e esforço, promove resiliência e o prazer pelo aprendizado. Participe de exercícios que desafiem essa mentalidade, abordando conceitos de capacidade e potencial. Por exemplo, ao enfrentar um obstáculo, essa abordagem transforma a experiência em uma oportunidade de aprendizado, em vez de um fracasso.

Essa mudança de perspectiva pode transformar sua forma de lidar com desafios, motivando determinação e inovação.

Histórias de sucesso são abundantes, com pessoas que adotaram essa mentalidade e alcançaram um crescimento extraordinário. Essas narrativas testemunham o poder da perseverança e o potencial ilimitado que existe dentro de cada um de nós.

À medida que você segue seu caminho, pense em como seu desenvolvimento e conquistas podem influenciar outros em sua comunidade. Compartilhar histórias de sucesso abertamente celebra conquistas individuais e oferece esperança e inspiração a quem enfrenta desafios semelhantes. Seja por meio de escrita, palestras ou plataformas de redes sociais, sua história pode impulsionar mudanças e promover compreensão. Além disso, é importante considerar o impacto do mentoreamento e do apoio a colegas que estão em jornadas parecidas. Ao oferecer suporte, motivação e aprendizado, você contribui para uma cultura de acolhimento e apoio comunitário. Esse intercâmbio mútuo de conhecimento e experiências beneficia tanto o mentor quanto o mentorado, cultivando um senso de conexão e propósito compartilhado.

Neste mundo interconectado, o ato de celebrar as forças vai além do empoderamento individual. Ele contribui para a história coletiva da experiência humana, melhorando a vida das pessoas ao nosso redor. Cada dificuldade superada, cada força celebrada e cada história compartilhada adiciona um fio vibrante a essa narrativa, lembrando-nos da força e da perspectiva intrínsecas ao espírito humano. À medida que você continua a descobrir e comemorar suas forças únicas, reconheça que não está apenas transformando a sua vida, mas também inspirando outros a identificar e abraçar o seu potencial.

1.6 Desenvolvendo a Resiliência Emocional: Ferramentas para a Saúde Mental

No tecido das emoções humanas, a resiliência se destaca como um fio poderoso, tecendo força e adaptabilidade no pano da nossa existência cotidiana. A resiliência emocional não é apenas a capacidade de suportar as adversidades da vida; é uma dança intricada de recuperação e crescimento, um processo dinâmico que permite aos indivíduos navegarem pelas vicissitudes da vida com equilíbrio e coragem. Essa resiliência é caracterizada por vários atributos-chave, como otimismo, flexibilidade e a capacidade de manter o controle sob pressão. É a certeza tranquila de que, apesar das tempestades de incerteza e mudança, possuímos os recursos internos necessários para enfrentá-las. Na vida cotidiana, a resiliência traz inúmeros benefícios, tais como habilidades aprimoradas de resolução de problemas, melhor regulação emocional e uma maior capacidade de empatia e conexão. Ao cultivar a resiliência, fortalece-se a saúde mental e enriquecem-se as interações com o mundo ao redor.

Para fomentar a resiliência emocional, é preciso equipar-se com um conjunto de estratégias de enfrentamento adaptadas para gerenciar o estresse e os desafios emocionais. A atenção plena (*mindfulness*) e a meditação servem como elementos fundamentais nesse conjunto, oferecendo um refúgio de calma em meio ao caos da vida moderna. A atenção plena, a prática de cultivar a consciência do momento presente, convida os indivíduos a observar seus pensamentos e emoções sem julgá-los, promovendo clareza e aceitação. A meditação, seja por meio de sessões guiadas ou simples exercícios de respiração, proporciona um espaço estruturado para relaxamento e introspecção, ajudando a acalmar a mente e reduzir o estresse. Complementando essas práticas, estão as técnicas cognitivo-comportamentais, as quais capacitam os indivíduos a identificar e desafiar padrões negativos de pensamento, transformando-os em perspectivas mais construtivas e realistas. Ao incorporar essas estratégias na rotina diária, os indivíduos podem aprimorar sua resiliência emocional, construindo uma base sólida para o bem-estar mental.

O papel dos sistemas de apoio no fortalecimento da resiliência é fundamental e não pode ser subestimado. Essas redes de compreensão e empatia atuam como um amortecedor vital contra os estresses e tensões da vida, oferecendo consolo e encorajamento quando mais são necessários. Identificar figuras chave de apoio — como membros da família, amigos ou mentores — é o primeiro passo para construir uma rede pessoal de apoio, na qual se pode confiar nos momentos de necessidade. Essa rede não é estática, mas dinâmica, evoluindo à medida que os relacionamentos se aprofundam e novas conexões são estabelecidas. Criar uma rede de apoio pessoal envolve cultivar essas relações com cuidado e intenção, priorizando uma comunicação aberta e o entendimento mútuo. Ao cercar-se de pessoas que oferecem apoio genuíno e encorajamento, é possível cultivar um senso de pertencimento e segurança, reforçando a resiliência emocional necessária para enfrentar os desafios da vida.

Promover o bem-estar mental é um esforço holístico que engloba tanto o autocuidado quanto o apoio profissional. As rotinas diárias de autocuidado são a base da saúde mental, fornecendo a estrutura e estabilidade necessárias para manter o equilíbrio. Essas rotinas incluem exercícios físicos, alimentação saudável e sono adequado, todos contribuindo para o bem-estar físico e emocional. Engajar-se em *hobbies* e atividades criativas também podem promover um senso de realização e propósito, oferecendo uma válvula de escape para a autoexpressão e o relaxamento. Além das práticas pessoais, acessar serviços profissionais de saúde mental é essencial para manter o bem-estar psicológico. Terapeutas e conselheiros oferecem um espaço seguro para explorar os próprios pensamentos e emoções, oferecendo orientação e apoio adaptados às necessidades individuais. Seja por meio de sessões presenciais ou opções de teleterapia, o suporte profissional pode ser inestimável para quem busca aprimorar sua resiliência emocional e a saúde mental de forma geral.

1.7 Compreendendo a Saúde Mental na Experiência Autista

O panorama da saúde mental na experiência autista é um tecido complexo e sutil, frequentemente caracterizado por desafios únicos que se diferenciam significativamente daqueles enfrentados por indivíduos neurotípicos. O autismo, com suas diversas manifestações, cruza com a saúde mental de formas que podem amplificar tanto a ansiedade quanto a depressão, condições já prevalentes na população em geral, mas particularmente acentuadas dentro da comunidade autista. Essa prevalência elevada frequentemente decorre das sensibilidades sensoriais e das dinâmicas sociais inerentes ao autismo, onde ambientes percebidos como neutros por neurotípicos podem tornar-se sobrecarregantes, levando a um aumento do estresse e da ansiedade. O isolamento social, um companheiro frequente para muitos indivíduos autistas, agrava ainda mais esses desafios de saúde psicológica, criando um ciclo vicioso de solidão e sofrimento emocional que pode ser difícil de quebrar. O impacto de se sentir desconectado dos pares, combinado com a dificuldade de navegar em normas sociais frequentemente confusas, pode levar a um sentimento de alienação, agravando as dificuldades de saúde mental.

A interseção entre o autismo e os problemas de saúde mental muitas vezes apresenta um quebra-cabeça labiríntico, no qual os sintomas sobrepostos podem borrar a clareza diagnóstica. Por exemplo, comportamentos repetitivos ou foco intenso, características do autismo, podem ser confundidos com sintomas de ansiedade ou transtorno obsessivo-compulsivo, levando a possíveis diagnósticos errados. Da mesma forma, questões de processamento sensorial, uma característica comum no autismo, podem influenciar significativamente a saúde mental, já que o bombardeio constante de estímulos sensoriais pode gerar ansiedade intensificada ou até ataques de pânico. Compreender essas interseções é fundamental, pois permite uma abordagem mais sutil no cuidado com a saúde psicológica, uma que reconheça as maneiras únicas pelas quais o autismo e as condições de saúde mental podem interagir e se agravar mutuamente. Reconhecer essas interseções pode abrir caminho para intervenções mais personalizadas, garantindo que as necessidades distintas dos indivíduos autistas sejam atendidas com empatia e precisão.

Identificar sinais e sintomas de problemas de saúde mental em indivíduos autistas exige uma abordagem atenta e sutil, pois esses sinais podem se manifestar de maneira diferente em comparação com a população neurotípica. Mudanças no comportamento ou no humor, como aumento da irritabilidade ou o afastamento das interações sociais, podem ser indicativos de questões subjacentes de saúde mental. Um indivíduo autista pode começar a evitar atividades que antes gostava ou apresentar mudanças no apetite e nos padrões de sono, sinais sutis de que algo pode estar errado. Embora muitas vezes sutis, essas mudanças podem revelar muito sobre o estado mental de um indivíduo, servindo como indicadores cruciais de que o apoio profissional pode ser necessário. A observação cuidadosa e a comunicação aberta são fundamentais para identificar esses sinais, possibilitando uma intervenção e suporte oportunos.

Abordar os desafios do diagnóstico incorreto e do estigma no cuidado da saúde mental para indivíduos autistas é uma questão tanto de defesa quanto de educação. Diagnósticos errados comuns, como atribuir sensibilidades sensoriais a transtornos de ansiedade ou confundir o isolamento social com depressão sem considerar o contexto do autismo, podem resultar em planos de tratamento inadequados que não abordam as causas fundamentais do sofrimento. A defesa por diagnósticos precisos envolve adquirir conhecimento sobre o autismo e suas interseções com a saúde mental, permitindo discussões mais informadas com os profissionais de saúde. Estratégias para defender diagnósticos precisos incluem buscar profissionais especializados em autismo e saúde mental, assim como utilizar recursos como a *Autistic Self Advocacy Network* (Rede de Advocacia Autista), que oferece orientações sobre como navegar nesses complexos cenários de saúde. Além disso, fomentar um diálogo aberto sobre autismo e saúde mental pode ajudar a desconstruir o estigma que frequentemente envolve esses temas, criando um ambiente mais inclusivo e compreensivo para todos os indivíduos.

1.8 Mecanismos de Enfrentamento para Estresse e Ansiedade: Abordagens Práticas

Navegar pelo estresse e pela ansiedade pode parecer como estar em uma tempestade torrencial, sem guarda-chuva ou abrigo à vista. Reconhecer os gatilhos e sintomas específicos da sua experiência é crucial, assim como identificar os sinais claros de uma tempestade iminente. Para muitos indivíduos autistas, os estressores podem incluir sobrecarga sensorial, interações sociais ou mudanças inesperadas na rotina. As manifestações físicas da ansiedade — coração acelerado, mãos suadas ou aquela sensação de nó no estômago — servem como sinais importantes. Para monitorar esses sinais, considere manter um diário onde você registre pensamentos, emoções e ações diárias, anotando padrões recorrentes. Isso pode esclarecer os gatilhos específicos, oferecendo uma visão sobre a melhor forma de gerenciá-los. Ao refletir sobre essas anotações, você entenderá melhor o que agrava seu estresse e como seu corpo responde, abrindo caminho para estratégias de enfrentamento mais direcionadas.

Desenvolver estratégias de enfrentamento personalizadas é uma habilidade que exige tanto criatividade quanto introspecção. Exercícios de respiração, como a técnica 4-7-8, podem proporcionar alívio imediato, desacelerando o ritmo cardíaco e acalmando o sistema nervoso. Técnicas de visualização são outra ferramenta poderosa; imagine um lugar onde você se sinta completamente em paz, seja uma praia serena ou uma floresta tranquila. Visualize cada detalhe de forma vívida — o som das ondas ou o farfalhar das folhas — e deixe essas imagens transportarem você para um estado de calma. Essas práticas permitem que você crie um refúgio mental onde o estresse não pode invadir, oferecendo um alívio sempre que necessário. Experimente diferentes métodos, adaptando-os às suas preferências, e não hesite em combinar técnicas para obter maior eficácia.

Incorporar práticas de *mindfulness* à sua rotina pode ser um forte aliado contra o estresse e a ansiedade. O *mindfulness* convida você a se envolver completamente com o momento presente, observando pensamentos e sentimentos sem julgá-los. A meditação guiada, por exemplo, pode direcioná-lo em uma jornada de relaxamento, ajudando a acalmar o fluxo mental que frequentemente acompanha o estresse. Exercícios de respiração consciente, nos quais você foca exclusivamente no ritmo da sua respiração, podem ancorá-lo em momentos de turbulência, promovendo uma sensação de estabilidade e paz. Essas práticas cultivam uma compreensão profunda da consciência, permitindo que você responda ao estresse com intenção, em vez de reação. Com o tempo, o *mindfulness* torna-se uma forma de ser, infundindo a vida cotidiana com tranquilidade e clareza.

Construir uma rotina para o gerenciamento do estresse é como criar uma embarcação robusta capaz de enfrentar qualquer tempestade. Comece separando um tempo regular para relaxamento, tratando-o como algo sagrado e não negociável. Pode ser uma caminhada diária na natureza, meia hora de leitura ou um banho quente —

qualquer atividade que acalme sua alma e reabasteça seu espírito. Estabelecer limites também é essencial para evitar o esgotamento; aprenda a evitar compromissos que o sobrecarreguem e priorize atividades que nutram seu bem-estar. Estabelecer uma rotina reduz o estresse e aumenta a resiliência, proporcionando a estrutura e previsibilidade que muitas pessoas autistas acham confortantes. Essa abordagem proativa ao gerenciamento do estresse garante que, quando os desafios surgirem, você estará preparado para resistir e prosperar diante da adversidade. Ao integrar essas práticas em sua vida, lembre-se de que o objetivo não é eliminar o estresse completamente — uma tarefa impossível — mas cultivar as habilidades necessárias para enfrentá-lo com graça e confiança.

1.9 Sobrecarga Sensorial: Estratégias para Regulação e Conforto

A sobrecarga sensorial, para muitas pessoas autistas, é como uma verdadeira cacofonia de estímulos que sobrecarrega os sentidos, fazendo com que se sintam presos em um turbilhão de caos. Imagine entrar em uma estação de metrô movimentada no horário de pico: os anúncios altos, o empurrão dos passageiros apressados, as luzes fluorescentes ofuscantes — tudo se convergindo em uma tempestade implacável. Para pessoas autistas, experiências sensoriais assim podem desencadear uma resposta fisiológica intensa, caracterizada por um aumento da ansiedade, irritabilidade ou até mesmo desconforto físico. Essa resposta é muitas vezes resultado da dificuldade do cérebro em filtrar e processar as informações sensoriais que chegam, causando a sensação de ser bombardeado por estímulos que outras pessoas podem perceber apenas como ruído de fundo. Os gatilhos ambientais mais comuns para a sobrecarga sensorial incluem barulhos altos, luzes fortes, espaços lotados e certos tipos de texturas ou cheiros, que podem evocar uma reação visceral, avassaladora e exaustiva.

Criar um ambiente amigável para a sensibilidade sensorial é fundamental para minimizar o risco de sobrecarga dos sentidos, oferecendo um refúgio onde é possível encontrar alívio e clareza em meio ao caos sensorial. As estratégias para criar esses ambientes são variadas, mas todas têm o objetivo de reduzir a exposição a estímulos excessivos. Fones de ouvido com cancelamento de ruído, por exemplo, podem ser uma ferramenta valiosa em espaços barulhentos, como escritórios, transporte público ou eventos lotados, proporcionando uma barreira contra sons intrusivos e permitindo um sentimento de calma e concentração. Projetar um espaço de trabalho amigável envolve considerar a iluminação, a disposição dos assentos e até mesmo as paletas de cores — escolha uma luz suave e natural, assentos confortáveis e acolhedores, e cores calmantes para criar uma atmosfera que favoreça a concentração e o relaxamento. Embora pareçam ajustes pequenos, essas mudanças podem melhorar significativamente a capacidade de funcionar e prosperar em ambientes que, de outra forma, poderiam causar sobrecarga sensorial.

Quando ela ocorre, ter um repertório de técnicas de regulação sensorial pode proporcionar o alívio necessário, permitindo o retorno ao equilíbrio. Técnicas de pressão profunda, como o uso de um cobertor pesado ou abraços firmes, podem oferecer uma sensação de conforto e aterramento, acalmando um sistema nervoso hiperativo. Pausas sensoriais, que são períodos curtos de descanso dos estímulos, também podem ser benéficas, oferecendo uma oportunidade para se recompor e recarregar. Essas pausas envolvem sair para respirar ar fresco, se retirar para um ambiente tranquilo ou realizar atividades relaxantes, como ouvir música ou meditação guiada. Ao incorporar essas técnicas na rotina diária, é possível gerenciar e reduzir efetivamente o impacto da sobrecarga sensorial, promovendo uma sensação de controle e autonomia sobre as próprias experiências sensoriais.

Na era digital, ferramentas assistivas e tecnologias oferecem soluções inovadoras para a regulação sensorial, permitindo que as pessoas ajustem seus ambientes de acordo com suas necessidades sensoriais únicas. Aplicativos sensoriais, por exemplo, podem ajudar a gerenciar os estímulos sensoriais ao oferecer paisagens sonoras personalizáveis, estímulos visuais ou exercícios de relaxamento guiados, todos acessíveis ao alcance dos dedos. Tecnologias vestíveis, como pulseiras que monitoram o estresse, podem alertar o usuário sobre mudanças fisiológicas relacionadas ao estresse, permitindo o gerenciamento proativo da sobrecarga sensorial. Quando integrados à rotina diária, essas ferramentas se tornam aliadas na busca pelo equilíbrio sensorial, oferecendo suporte personalizado que melhora o bem-estar geral. À medida que continuamos explorando a interseção entre tecnologia e regulação sensorial, é fundamental adotar esses avanços como parte de uma abordagem holística para gerenciar a sobrecarga sensorial, reconhecendo o potencial que eles têm de transformar nossas interações com o mundo ao nosso redor.

1.10 Práticas de Autocuidado: Priorizando o Seu Bem-Estar Mental

No ritmo acelerado da vida moderna, o autocuidado muitas vezes é relegado a um segundo plano, visto como um luxo em vez de uma necessidade. No entanto, para as pessoas autistas, o autocuidado é um pilar essencial para o bem-estar mental, uma tábua de salvação que pode reduzir significativamente o estresse e promover a saúde geral. Considere o autocuidado como uma forma de reabastecer as reservas internas, semelhante a carregar uma bateria que alimenta suas atividades diárias. Dedicar tempo ao autocuidado fortalece sua resiliência mental e aprimora sua capacidade de se engajar com o mundo de forma mais equilibrada e harmoniosa. Isso não se resume a se permitir pequenos mimos ou momentos de solidão; trata-se de se comprometer com uma prática constante que nutra a saúde mental, emocional e física de maneira holística. O autocuidado regular atua como uma proteção contra as demandas incessantes da vida, permitindo que você enfrente desafios com mais tranquilidade e equilíbrio.

Criar uma rotina de autocuidado personalizada é uma tarefa que exige introspecção e intenção. Comece identificando atividades que tragam alegria e relaxamento, aqueles momentos que permitem desconectar das pressões externas e se reconectar com seu eu interior. Isso pode incluir agendar atividades diárias de relaxamento, como ler seu livro favorito, ouvir uma música calma ou praticar exercícios de respiração profunda. Incorpore *hobbies* e interesses à sua rotina, pois essas atividades oferecem um senso de realização e propósito, equilibrando as exigências da vida cotidiana. Lembre-se de que sua rotina de autocuidado deve ser tão única quanto você, ajustada para atender às suas necessidades e preferências individuais. O segredo está na consistência, garantindo que o autocuidado se torne uma parte integral do seu ritmo diário, e não um prazer esporádico.

A atividade física é um componente poderoso do autocuidado, oferecendo muitos benefícios além do âmbito físico. Fazer exercícios suaves, como yoga ou Tai Chi Chuan, pode melhorar a flexibilidade e a força, ao mesmo tempo em que promove o relaxamento e a atenção plena. Essas práticas incentivam a conexão entre corpo e mente, promovendo a conscientização da respiração e do movimento, o que pode aliviar o estresse e a ansiedade. Seja uma caminhada tranquila no parque ou uma trilha mais intensa, as atividades ao ar livre oferecem uma oportunidade de se imergir na natureza, aproveitando os efeitos positivos do ar fresco e dos ambientes naturais. A atividade física revigora tanto o corpo quanto o espírito, proporcionando uma sensação de vitalidade e bem-estar que permeia todos os aspectos da vida.

Equilibrar o autocuidado com as responsabilidades diárias é uma dança delicada que exige estabelecer metas realistas e integrar o autocuidado nas suas rotinas. Aborde as metas de autocuidado de maneira flexível, reconhecendo que alguns dias oferecem mais tempo e energia do que outros. Em vez de ver o autocuidado como uma tarefa isolada, considere como ele pode ser incorporado às suas atividades diárias. Isso pode envolver fazer pausas conscientes durante o trabalho, aproveitar momentos de quietude em meio a uma agenda agitada ou praticar gratidão como parte da sua rotina matinal. Ao incorporar o autocuidado no cotidiano, você cria uma prática sustentável que nutre seu bem-estar sem comprometer suas responsabilidades. Trata-se de encontrar harmonia entre cuidar de si mesmo e cumprir as exigências da vida, garantindo que você esteja preparado para enfrentar cada dia com força e clareza renovada.

1.11 Acessando Recursos de Saúde Mental: Encontrando o Suporte Certo

Navegar pelo campo da saúde mental pode parecer como atravessar um labirinto complexo, especialmente quando se tenta discernir e articular as próprias necessidades mentais. Isso exige uma profunda autoconsciência e honestidade, reconhecendo quando as estratégias de autoajuda — embora valiosas — podem não ser suficientes. Imagine-se em um ponto de interseção, onde os caminhos familiares da autossuficiência se encontram com as avenidas desconhecidas da assistência profissional. Aqui, reconhecer os sinais que indicam a necessidade de apoio profissional torna-se fundamental. Esses sinais podem se manifestar como sentimentos persistentes de angústia, ansiedade esmagadora ou uma sensação de estar preso, apesar de dar o seu melhor. Reconhecer esses sinais não é um indicativo de fracasso, mas sim um testemunho de sua coragem em buscar uma compreensão mais profunda e apoio.

A busca por profissionais de saúde mental adequados, especialmente aqueles que compreendem as necessidades sutis de indivíduos autistas, exige tanto diligência quanto discernimento. Terapeutas amigáveis ao autismo, com conhecimento clínico, empatia e compreensão das experiências neurodivergentes, são aliados indispensáveis nessa jornada. Eles oferecem um espaço seguro para explorar seus pensamentos e emoções sem medo de julgamento. Ao procurar esses profissionais, considere entrar em contato com redes locais de autismo ou utilizar diretórios on-line especializados em conectar pessoas neurodivergentes com terapeutas apropriados. O advento da teleterapia ampliou ainda mais o acesso ao suporte de saúde mental, oferecendo conveniência e flexibilidade. Essa modalidade permite que você participe de sessões terapêuticas no conforto do seu próprio lar, eliminando restrições geográficas e proporcionando uma experiência terapêutica mais personalizada.

As opções de apoio comunitário são essenciais para o cuidado da saúde mental, oferecendo um senso de pertencimento e compreensão compartilhada. Participar de grupos de apoio para pessoas autistas pode proporcionar uma plataforma para conexão, onde experiências comuns se tornam uma fonte de apoio mútuo e incentivo. Esses grupos, presenciais ou on-line, oferecem um espaço para compartilhar seus desafios e conquistas com pessoas que realmente entendem. Programas de bem-estar comunitário, muitas vezes facilitados por organizações locais, oferecem oportunidades adicionais de engajamento e apoio, promovendo o bem-estar holístico por meio de *workshops*, atividades e recursos educativos. Essas iniciativas baseadas na comunidade melhoram a saúde mental e cultivam um senso de comunidade e companheirismo, lembrando que você não está sozinho em suas experiências.

Navegar pelas complexidades dos sistemas de saúde mental pode ser desafiador, mas entender esses sistemas é fundamental para acessar o apoio de que você precisa. Comece familiarizando-se com os detalhes da cobertura de serviços de saúde mental pelo seguro, pois esse conhecimento pode ajudá-lo a tomar decisões informadas sobre suas opções de cuidado. Entre em contato com os fornecedores de seguro para obter informações detalhadas sobre as especificidades da cobertura, incluindo os serviços elegíveis e os custos que você precisará arcar. A defesa de acomodações necessárias para a saúde mental é outro aspecto vital ao navegar por esses sistemas. Isso envolve articular com confiança suas necessidades para os profissionais de saúde e garantir que suas exigências únicas sejam atendidas com empatia e compreensão. Seja ao solicitar acomodações específicas durante as sessões de terapia ou ao buscar encaminhamentos para especialistas, defender seus direitos dentro desses sistemas é um passo decisivo para garantir que seu cuidado com a saúde mental seja tanto abrangente quanto personalizado às suas necessidades.

O tema subjacente dessa exploração multifacetada dos recursos de saúde mental é o empoderamento. Ao se envolver ativamente com esses recursos, você está assumindo o controle da sua jornada de saúde mental, equipando-se com o conhecimento e o apoio necessários para prosperar. Lembre-se de que pedir ajuda é um sinal de força, um reconhecimento de que você merece cuidado e apoio na sua busca pelo bem-estar.

1.12 Desenvolvendo Resiliência: Prosperando em Meio aos Desafios

A resiliência é a força silenciosa que permite aos indivíduos se reerguerem diante das adversidades com vigor e determinação. Para pessoas autistas, esse conceito assume uma significância única, pois envolve navegar por um mundo que muitas vezes pode parecer pouco acolhedor e confuso. Indivíduos resilientes se destacam pela sua capacidade de se adaptar às mudanças, manter o foco sob pressão e enfrentar os desafios da vida com otimismo e esperança. Eles possuem uma crença inabalável em sua capacidade de superar obstáculos, enxergando os contratempos não como barreiras intransponíveis, mas como oportunidades de crescimento e aprendizado. O impacto da resiliência na saúde mental é profundo, oferecendo uma proteção contra os efeitos prejudiciais do estresse e da ansiedade e promovendo um senso de autonomia e empoderamento. Ao cultivar a resiliência, as pessoas autistas podem aprimorar sua capacidade de lidar com as adversidades da vida, garantindo uma existência mais equilibrada e satisfatória.

Desenvolver a resiliência envolve uma abordagem deliberada e consciente para os desafios da vida, transformando experiências passadas em degraus para fortalecer o futuro. Refletir sobre as adversidades anteriores e extrair as lições que elas proporcionaram é fundamental para construir resiliência. Essa prática reflexiva permite que os indivíduos reconheçam padrões de comportamento e resposta os quais os ajudaram, além de identificar áreas para melhoria. Por meio dessa introspecção, é possível desenvolver habilidades sólidas de resolução de problemas, aprimorando a capacidade de enfrentar desafios com criatividade e recursos. Ao ver os problemas como quebra-cabeças a serem resolvidos, em vez de obstáculos intransponíveis, os indivíduos podem cultivar um senso de competência e confiança na capacidade de navegar pelas complexidades da vida. Essa mudança de perspectiva não apenas fortalece a resiliência, mas também incentiva uma abordagem proativa para os desafios da vida, capacitando os indivíduos a assumirem o controle de suas circunstâncias.

Cultivar uma mentalidade positiva é um alicerce da resiliência, que envolve nutrir a gratidão e o otimismo diante das adversidades. Praticar a gratidão, seja por meio de um diário ou reflexão diária, convida os indivíduos a focar nos aspectos positivos de suas vidas, promovendo um senso de contentamento e apreço. Afirmações positivas, declarações simples, mas poderosas, que reforçam as forças e habilidades de uma pessoa, podem ser lembretes diários do próprio valor e potencial. Reformular os desafios como oportunidades de crescimento, em vez de ameaças a serem temidas, incentiva uma mentalidade que abraça a mudança e a incerteza com abertura e curiosidade. Esse processo de reestruturação transforma a adversidade em um catalisador para o desenvolvimento pessoal, convidando os indivíduos a explorarem novas possibilidades e perspectivas. Ao adotar uma mentalidade positiva, as pessoas podem aprimorar sua resiliência, equipando-se com a força mental necessária para prosperar em meio aos desafios da vida.

Criar um ambiente de apoio é fundamental para promover a resiliência, pois fornece a base sobre a qual os indivíduos podem construir sua força e adaptabilidade. Construir conexões sociais fortes, seja por meio da família, amigos ou grupos comunitários, oferece uma rede de suporte na qual se pode confiar nos momentos de necessidade. Essas conexões proporcionam harmonia e apoio emocional, oferecendo encorajamento e compreensão quando surgem desafios. Estimular a comunicação aberta e o apoio dentro dessas redes, além de cultivar confiança e respeito mútuo, são aspectos essenciais. Ao criar um ambiente que valoriza a colaboração e a empatia, os indivíduos podem aprimorar sua resiliência, sabendo que são apoiados por uma comunidade que entende e valoriza suas forças únicas. Esse ambiente de apoio fortalece a resiliência individual e contribui para um senso coletivo de empoderamento e solidariedade, criando uma comunidade que prospera junta.

No tecido da resiliência, cada fio representa uma oportunidade de crescimento e transformação. Ao cultivar a resiliência, os indivíduos aprimoram seu bem-estar e contribuem para uma cultura mais ampla de empoderamento e compreensão. À medida que você continua a explorar e cultivar a resiliência, lembre-se de que este é um processo dinâmico e contínuo que exige paciência e perseverança. Abrace os desafios e as oportunidades da vida, sabendo que você possui a força e a resiliência necessárias para enfrentá-los com graça e confiança.

Livro 2: O Livro das Habilidades Sociais e Relacionamentos

Imagine estar à margem de um grande salão de festas, o ar vibrando com conversas animadas e risadinhas, mas você se sente como um obstáculo invisível entre você e o resto do mundo. Para muitas pessoas autistas, a comunicação social pode parecer assim – misteriosa e esquiva – como uma dança onde todos os outros parecem entender os passos. As complexidades do envolvimento social não se resumem apenas à troca de palavras; elas envolvem uma harmonia de pistas verbais e não verbais, cada uma contribuindo para a melodia da conexão. Ao explorarmos as estruturas da comunicação eficaz, é essencial reconhecer que a comunicação é profundamente pessoal, variando amplamente dentro da comunidade autista.

Seja por meio de longas trocas verbais ou da linguagem sutil de gestos e expressões, compreender seu estilo de comunicação é fundamental para navegar pelos cenários sociais com confiança e autenticidade.

Dentro da rica tapeçaria de estilos de comunicação, as pessoas autistas frequentemente demonstram uma variedade que reflete suas perspectivas e experiências únicas. Alguns podem encontrar conforto na expressão verbal, onde a linguagem é uma ferramenta para compartilhar ideias detalhadas com entusiasmo. Em contraste, outros podem se inclinar para a comunicação não verbal, onde gestos, expressões faciais e o silêncio têm um significado profundo. É importante reconhecer as forças individuais de comunicação, entendendo que não existe uma única forma "correta" de se comunicar.

Você pode encontrar consolo na precisão das palavras escritas, onde as ideias podem ser cuidadosamente consideradas e expressas. Ou talvez sua comunicação floresça no mundo dos sinais não verbais, onde um olhar ou um gesto transmite muito mais do que a linguagem falada jamais poderia. Ao abraçar seu estilo único, você estabelece a base para uma comunicação autêntica e eficaz, que valoriza e celebra a diversidade de formas de interação dentro da comunidade autista.

2.1 Elemento Interativo: Exercício de Escuta Reflexiva

A escuta ativa representa um alicerce da comunicação eficaz, uma habilidade que vai além do simples ato de ouvir palavras e mergulha na arte de realmente compreender a perspectiva do outro. Ela envolve ouvir o conteúdo do que está sendo dito e prestar atenção nas emoções e intenções por trás das palavras. A escuta reflexiva, uma técnica na qual você parafraseia ou resume o que a outra pessoa disse, é uma ferramenta poderosa nesse processo. Ao fazer isso, você demonstra empatia e compreensão, criando um espaço onde o falante se sente valorizado e ouvido. Manter o contato visual, embora muitas vezes desafiador para pessoas autistas, pode aprimorar essa conexão, sinalizando engajamento e atenção. No entanto, é essencial abordar o contato visual de maneira flexível, reconhecendo que os níveis de conforto variam e que a ausência de contato visual não equivale a desinteresse. Em vez disso, considere outras formas de demonstrar atenção, como acenar com a cabeça ou fornecer afirmações verbais, garantindo que sua escuta seja ativa e de apoio.

Expressar pensamentos de forma clara pode, às vezes, parecer como navegar por um labirinto, no qual o caminho para a clareza é obscurecido pelas complexidades da linguagem e da interpretação. Estratégias para uma boa articulação começam com o uso de uma linguagem concisa, destilando os pensamentos em sua essência sem abrir mão da profundidade ou da nuance. Recursos visuais, como diagramas ou resumos escritos, podem aprimorar ainda mais a comunicação, oferecendo uma âncora tangível para ideias abstratas. Estruturar as conversas com pontos claros e transições ajuda a manter o foco e a coerência, guiando o ouvinte pela narrativa de forma rápida. Por meio dessas técnicas, você pode transmitir seus pensamentos com precisão e impacto, garantindo que sua audiência compreenda sua mensagem.

As barreiras de comunicação, aqueles obstáculos invisíveis, mas formidáveis, frequentemente surgem devido à sobrecarga sensorial, mal-entendidos ou interpretações diferentes da linguagem. Para pessoas autistas, gerenciar a sobrecarga sensorial durante as conversas é crucial, já que estímulos excessivos podem prejudicar a comunicação eficaz.

Técnicas como a respiração profunda, pausas ou encontrar ambientes mais tranquilos podem mitigar esses desafios, permitindo interações mais focadas e significativas. A tecnologia oferece soluções inovadoras, com aplicativos de comunicação e dispositivos que facilitam a expressão e o entendimento. Desde softwares de conversão de texto em fala até quadros de comunicação visual, essas ferramentas permitem que indivíduos se comuniquem de maneiras que atendem às suas preferências e necessidades, superando barreiras e promovendo a conexão.

Experimente este exercício para aprimorar suas habilidades de escuta ativa: faça parceria com um amigo ou membro da família e compartilhe uma breve história ou experiência. Como ouvinte, concentre-se em parafrasear ou resumir o que o falante compartilhou, garantindo que sua resposta capture a essência da mensagem dele. Troquem de papéis e repitam o exercício, refletindo sobre como é ser tanto o falante quanto o ouvinte. Considere como a escuta reflexiva aprofunda seu entendimento e conexão, e incorpore essa prática em suas interações diárias.

Ao explorarmos as complexidades da comunicação, lembre-se de que não se trata de seguir um conjunto predeterminado de regras, mas sim de criar um diálogo que respeite sua individualidade e a humanidade compartilhada daqueles ao seu redor. Ao abraçar a diversidade de estilos de comunicação, você capacita a si mesmo e aos outros a se engajarem em conversas genuínas, significativas e transformadoras.

2.2 Compreendendo os Sinais Sociais: Técnicas Práticas para Conexão

Navegar pelo complexo cenário das interações sociais exige mais do que apenas entender a comunicação verbal; é preciso uma percepção aguçada das sutilezas da linguagem corporal e dos sinais não verbais que, frequentemente, transmitem tanto significado quanto as palavras faladas. Decodificar a linguagem corporal pode se parecer com aprender um novo dialeto, no qual as nuances de uma sobrancelha levantada ou o ângulo de um ombro têm grande peso. Expressões faciais, por exemplo, são uma rica tapeçaria de emoções, com um leve sorriso sugerindo diversão e sobrancelhas franzidas indicando preocupação. Cada gesto, seja um aceno de afirmação ou os braços cruzados sugerindo defesa, oferece uma visão sobre os pensamentos e emoções das pessoas ao nosso redor. Compreender a postura, como se inclinar para frente em sinal de engajamento ou se recostar em desinteresse, oferece camadas adicionais de significado nessas comunicações não verbais. Para aqueles no espectro, perceber esses sinais pode transformar nossas interações, permitindo-nos a conexão de forma mais profunda e autêntica com os outros.

Além da fisicalidade dos gestos e expressões, existe uma interação complexa entre tom e contexto, ambos essenciais para entender a verdadeira intenção por trás das palavras. O tom, com suas inúmeras variações, pode mudar completamente o significado de uma mensagem — o sarcasmo, por exemplo, muitas vezes utiliza um tom contraditório em relação às palavras ditas, exigindo que o ouvinte perceba o significado real. A sinceridade, por sua vez, costuma ser marcada por um tom suave e sincero. O contexto em que uma conversa ocorre adiciona outra camada, oferecendo pistas que ajudam a decifrar a mensagem.

Responder aos sinais sociais com precisão é uma arte que envolve alinhar nossas respostas verbais aos sinais não verbais que percebemos. Imagine um maestro sincronizando as diversas seções de uma orquestra para criar uma sinfonia harmoniosa; da mesma forma, nossas respostas devem estar afinadas aos sinais ao nosso redor para garantir uma interação fluida. Ajustar as respostas verbais aos sinais não verbais pode significar oferecer uma palavra reconfortante a alguém cuja linguagem corporal sugira angústia ou compartilhar uma risada quando um sorriso ilumina a sala. Praticar simulações de situações com amigos ou mentores de apoio pode oferecer um espaço seguro para explorar e aprimorar essas habilidades, fornecendo *feedback* imediato e fortalecendo a confiança para aplicações no mundo real. Esses exercícios ajudam a desenvolver um repertório de respostas genuínas e contextualmente apropriadas, melhorando nossa capacidade de conectar-nos de maneira significativa com os outros.

Participe de jogos interativos para aprimorar seu reconhecimento e resposta aos sinais sociais. Reúna um grupo de amigos ou colegas e participe de atividades em que você identifique e interprete sinais não verbais. Cada participante pode se revezar atuando com diferentes emoções ou cenários usando apenas a linguagem corporal e expressões faciais, enquanto os outros tentam interpretar os sinais. Esse exercício aguça sua capacidade de ler os sinais sociais. Além disso, oferece uma oportunidade para *feedback* dos colegas, promovendo um ambiente de aprendizado colaborativo onde você pode entender como suas interpretações alinham-se com as de outros.

À medida que imergimos nos sinais sociais, devemos abordar essas interações com curiosidade e abertura, reconhecendo que a maestria vem com prática e paciência. A habilidade de ler e responder aos sinais sociais não se limita a uma fórmula única, mas é uma competência em evolução que cresce com a experiência e reflexão. Ao praticar essas técnicas e exercícios, você se capacita a navegar pelos cenários sociais com confiança e clareza, criando conexões autênticas e gratificantes.

2.3 Fortalecendo Relacionamentos Pessoais: Empatia e Compreensão

A empatia é o tecido conectivo dos relacionamentos humanos, o fio invisível que nos une por meio do entendimento mútuo e da experiência compartilhada. Para indivíduos autistas, cultivar a empatia pode parecer como aprender a sintonizar uma frequência que, muitas vezes, é abafada pela cacofonia das expectativas sociais e dos mal-entendidos. No entanto, a empatia não é uma característica inata exclusiva de alguns poucos; é uma habilidade que pode ser nutrida e desenvolvida por meio de prática deliberada e da capacidade de enxergar o mundo pela perspectiva do outro. Enxergar partindo da perspectiva do outro, a habilidade de se colocar no lugar do outro e ver o mundo a partir de seu ponto de vista, é um exercício poderoso para o fortalecimento da empatia. Ele exige uma abertura para o caleidoscópio da experiência humana, convidando-nos a considerar as emoções e motivações que impulsionam as ações dos outros. Exercícios para desenvolver a empatia, como refletir sobre experiências compartilhadas ou praticar a escuta ativa, podem aprimorar ainda mais nossa capacidade empática, promovendo conexões mais profundas com aqueles ao nosso redor. Ao abraçar a prática da empatia, cultivamos relacionamentos que não são apenas sólidos, mas também profundos em seu entendimento e aceitação da nossa humanidade compartilhada.

Construir confiança e estabelecer um bom relacionamento dentro das conexões cria a base para vínculos significativos e duradouros, mas é um processo que exige tempo e consistência. A confiança não é concedida; ela é conquistada por meio de ações que demonstram confiabilidade e integridade. A consistência com que nos apresentamos em nossas interações, seja por meio de pequenos gestos ou compromissos significativos, sinaliza aos outros que somos confiáveis e dignos de confiança. Essa consistência é complementada pelo estabelecimento e respeito aos limites que delimitam o espaço onde a confiança pode florescer. Limites não são barreiras, mas marcadores de respeito mútuo e compreensão, garantindo que as necessidades e os limites de cada indivíduo sejam reconhecidos e respeitados. Estabelecer limites envolve comunicação aberta e negociação, criando uma estrutura para que a confiança se fortaleça. Manter essa estrutura promove um ambiente de segurança e proteção, permitindo que os relacionamentos se aprofundem e evoluam.

A comunicação eficaz dentro dos relacionamentos é como uma dança bem coreografada, onde cada parceiro se move harmoniosamente, guiado por um diálogo aberto e honesto. Essa comunicação é a essência de qualquer relação, facilitando a expressão de necessidades, desejos e emoções de maneira autêntica e cuidadosa. A escuta ativa, um pilar da comunicação eficaz, envolve ouvir as palavras ditas e sintonizar-se com os sentimentos e intenções subjacentes a elas. É uma prática que exige paciência e presença, permitindo que nos envolvamos plenamente com nossos entes queridos e respondamos com empatia e compreensão. Comunicar necessidades e desejos de forma clara, sem ambiguidade ou suposições, fortalece ainda mais esse diálogo, garantindo que ambas as partes se sintam ouvidas e valorizadas. Ao adotar essas ferramentas de comunicação, criamos uma dinâmica de respeito e apoio mútuos, enriquecendo nossos relacionamentos com profundidade e autenticidade.

Manter relacionamentos saudáveis ao longo do tempo exige um compromisso contínuo de cuidado e atenção, assim como cuidar de um jardim que floresce com nutrição regular. Verificações periódicas, seja durante um café ou por chamadas telefônicas de longe, servem como pontos de contato para conexão e reflexão, permitindo que abordemos preocupações ou celebremos sucessos compartilhados. Essas verificações oferecem uma oportunidade para navegar juntos pelas mudanças e desafios, reforçando o compromisso mútuo com o crescimento e a vitalidade do relacionamento. A vida é intrinsecamente dinâmica, e os relacionamentos precisam adaptar-se às circunstâncias e marcos que surgem. Ao abordar essas mudanças com flexibilidade e abertura, fomentamos a resiliência em nossos relacionamentos, garantindo que eles se mantenham fortes e solidários diante das marés da vida.

A empatia e a compreensão agem como luzes-guia na dança intricada dos relacionamentos, iluminando o caminho para uma conexão mais profunda e respeito mútuo. Por meio do cultivo da compaixão, da construção da confiança, da prática da comunicação eficaz e da manutenção de dinâmicas saudáveis, criamos relacionamentos que não são apenas duradouros, mas também enriquecedores. Esses relacionamentos, baseados na autenticidade e na aceitação, servem como santuários de apoio e encorajamento, nutrindo nosso crescimento e bem-estar enquanto navegamos pelas complexidades da vida. À medida que continuamos a nos envolver com essas práticas, nos capacitamos a forjar conexões significativas e transformadoras, contribuindo para uma tapeçaria de relacionamentos que celebram a diversidade e a riqueza da experiência humana.

2.4 Navegando pela Ansiedade Social: Estratégias para Conforto e Tradição

A sensação de ansiedade social, particularmente no contexto do autismo, pode ser tão infiltrante quanto debilitante, frequentemente projetando uma sombra sobre interações que outras pessoas podem achar rotineiras. Ela se manifesta como uma consciência aguçada dos ambientes sociais e um medo paralisante de avaliação negativa ou julgamento. Para indivíduos autistas, a ansiedade social pode ser ainda mais exacerbada pelas sensibilidades sensoriais e desafios de comunicação que são inerentes à condição. A distinção entre ansiedade situacional e crônica é fundamental aqui. A ansiedade situacional geralmente surge em contextos específicos, como falar em público ou conhecer novas pessoas.

Em contraste, a ansiedade crônica é mais persistente, permanecendo abaixo da superfície e afetando uma gama mais ampla de interações. Identificar os gatilhos dessa ansiedade, sejam eles ambientes lotados, eventos sociais desestruturados ou a imprevisibilidade das conversas, é um passo vital para mitigar seu impacto. Ao compreender esses gatilhos, é possível desenvolver estratégias que proporcionem conforto e facilidade ao navegar pelos cenários sociais.

Mecanismos práticos de enfrentamento são ferramentas indispensáveis para lidar com a ansiedade social, oferecendo uma forma de retomar o controle e a tranquilidade em meio ao turbilhão. Exercícios de respiração profunda ajudam a ancorar em momentos de ansiedade intensa, promovendo o relaxamento ao desacelerar o ritmo cardíaco e acalmar a mente. Técnicas de aterramento, que envolvem focar no momento presente por meio de experiências sensoriais, também podem ser extremamente eficazes. Por exemplo, nomear objetos em uma sala ou sentir a textura de um item pode desviar a atenção dos pensamentos ansiosos e retornar a um estado de calma. Criar um roteiro social para cenários comuns, como apresentações ou conversas informais, fornece uma estrutura organizada para a interação, reduzindo a incerteza e promovendo confiança. Esses roteiros funcionam como um mapa, orientando você pelas complexidades da conversa com clareza e segurança. Ao ensaiar esses roteiros com antecedência, você pode abordar situações sociais com uma sensação de preparo e equilíbrio, transformando a ansiedade em um componente gerenciável do seu repertório social.

O conceito de exposição gradual é fundamental no tratamento da ansiedade social, incorporando o princípio da dessensibilização por meio de desafios incrementais. Ao aumentar lentamente a exposição social, os indivíduos podem se acostumar com os estímulos que normalmente desencadeiam a ansiedade, reduzindo seu impacto ao longo do tempo. É como molhar os pés em uma piscina antes de entrar completamente, permitindo a adaptação em um ritmo confortável. Começar com encontros pequenos e não ameaçadores, como um café com um amigo próximo, oferece uma introdução suave à interação social. À medida que o conforto e a confiança crescem, a complexidade dos ambientes sociais pode ser gradualmente aumentada, avançando para encontros maiores ou ambientes mais dinâmicos.

Construir confiança social é um esforço contínuo que envolve tanto a introspecção quanto a prática. Exercícios de visualização positiva podem ser poderosos, convidando você a se imaginar tendo sucesso em situações sociais com confiança e tranquilidade. Ao visualizar resultados favoráveis e ensaiar suas respostas na mente, você estabelece as bases para o sucesso no mundo real. Fazer simulações de interações sociais com um amigo ou mentor de confiança pode ainda mais aprimorar essa confiança, proporcionando um ambiente de apoio para experimentar diferentes abordagens e receber *feedback* construtivo. Esses *roleplays* (dramatizações) imitam cenários da vida real, oferecendo um espaço seguro para explorar e aprimorar habilidades sociais. A cada sessão de prática, a confiança cresce, abrindo caminho para interações mais autênticas e envolventes.

A jornada pela ansiedade social não é um esforço solitário; ela é enriquecida pelo apoio e compreensão daqueles ao seu redor. Ao adotar estratégias que promovem conforto e tranquilidade, você capacita-se a engajar-se em interações sociais com mais confiança, transformando a ansiedade de uma barreira em uma ponte que o conecta ao mundo.

2.5 Encontrando Sua Tribo: Construindo Comunidades de Apoio

Encontrar a própria tribo é uma experiência profundamente pessoal e transformadora, tocando o núcleo da identidade e do pertencimento. Para indivíduos autistas, descobrir uma comunidade que ressoe com experiências e aspirações pessoais pode ser tanto desafiador quanto recompensador. Para iniciar essa busca, é importante identificar o que você procura em uma comunidade de apoio. Considere alinhar-se a grupos que reflitam seus interesses e valores, desde *hobbies* compartilhados e atividades profissionais até a defesa e valorização da neurodiversidade. Avaliar o nível de engajamento e interação desejado é essencial — alguns podem encontrar consolo em encontros pequenos e íntimos, enquanto outros podem prosperar em grupos maiores e mais dinâmicos. Ao definir claramente esses parâmetros, você pode garantir que as comunidades com as quais se envolve enriquecem sua vida e oferecem a compreensão e a empatia que você procura.

Explorar comunidades existentes que se alinham com esses critérios é o próximo passo, e há diversas possibilidades: grupos de apoio ao autismo locais frequentemente servem como um refúgio para conexão e apoio mútuo, oferecendo um espaço onde experiências compartilhadas promovem um senso de pertencimento. Esses grupos podem ser encontrados em centros comunitários, organizações de defesa local ou profissionais de saúde mental que podem ter recursos ou recomendações.

Além dos encontros presenciais, fóruns on-line sobre neurodiversidade oferecem uma plataforma expansiva para conexão, transcendendo limitações geográficas e reunindo indivíduos de diversas origens. Esses espaços digitais, seja por meio de grupos em redes sociais, fóruns dedicados ou encontros virtuais, oferecem uma oportunidade única de interagir com uma comunidade global, compartilhando ideias, conselhos e solidariedade. Ao participar ativamente dessas comunidades, você amplia sua rede e contribui para um tecido coletivo de apoio e empoderamento.

Caso as comunidades existentes não atendam às suas necessidades, criar novas comunidades pode ser tanto empolgante quanto desafiador. No entanto, as recompensas de criar um espaço que realmente reflita seus valores e interesses são imensuráveis. Iniciar um grupo de encontros local pode ser gratificante para reunir pessoas com ideias semelhantes na sua área. Comece identificando um interesse ou objetivo comum e entrando em contato com membros em potencial por meio de quadros de avisos locais, redes sociais ou eventos comunitários. Organize encontros iniciais em locais acessíveis e acolhedores, promovendo um ambiente que incentive o diálogo aberto e a conexão. Como alternativa, criar um grupo ou fórum on-line pode ser um recurso valioso para quem busca um alcance mais amplo. Plataformas como *Facebook* ou Reddit oferecem ferramentas para criar grupos nos quais você pode definir o tom e o propósito das interações, garantindo que a comunidade permaneça inclusiva e de apoio.

Manter o engajamento comunitário é essencial para a

longevidade e vitalidade de qualquer grupo, exigindo esforço contínuo e criatividade. Eventos e atividades regulares mantêm os membros conectados e comprometidos, proporcionando oportunidades para interação e colaboração. Esses eventos variam desde conversas informais em cafés e *workshops* até encontros maiores ou sessões com palestrantes convidados. Considere incorporar uma variedade de formatos para atender a diferentes preferências e incentivar uma participação diversificada. Implementar sistemas de *feedback* também é fundamental, permitindo que os membros compartilhem suas opiniões e sugestões de melhoria. Isso pode envolver pesquisas, caixas de sugestões ou fóruns abertos onde os membros possam expressar suas opiniões. Ao valorizar e incorporar o *feedback*, você demonstra um compromisso com o crescimento e a adaptação da comunidade, garantindo que ela continue atendendo às necessidades em constante evolução de seus membros.

Ao encontrar sua tribo, você embarca em uma jornada de descoberta e conexão, onde os relacionamentos que você cria se tornam uma fonte de força e inspiração. Seja por meio de grupos existentes ou novas comunidades que você cria, os laços que você constrói oferecem um refúgio de compreensão e apoio, enriquecendo sua vida de maneiras profundas e significativas. Ao explorar essas conexões, lembre-se de que a essência de uma comunidade reside em sua diversidade e inclusão, celebrando as inúmeras vozes e experiências que se unem para formar um todo coeso. O caminho para encontrar sua tribo não é linear, mas é um caminho repleto de potencial e promessa, no qual cada passo dado aproxima você de um sentimento de pertencimento e propósito.

2.6 *Networking* On-line e Off-line: Criando Conexões Significativas

Na vasta tapeçaria do crescimento pessoal e profissional, o *networking* destaca-se como um fio vital que conecta oportunidades, recursos e relacionamentos. O *networking*, tanto on-line quanto off-line, abre inúmeras possibilidades, oferecendo acesso a informações, mentoria e colaboração que podem impulsionar significativamente a sua trajetória. Não se trata apenas de trocar cartões de visita ou acumular conexões, mas sim de construir relacionamentos significativos que proporcionem apoio mútuo e incentivo. Ao interagir com uma rede diversificada, você tem a oportunidade de aproveitar uma fonte rica de experiências e percepções, criando um ambiente onde ideias podem florescer e novas oportunidades serem exploradas. Seja em busca de avanço na carreira, crescimento pessoal ou envolvimento comunitário, uma rede bem cultivada é a base para alcançar seus objetivos.

As plataformas on-line revolucionaram a maneira como nos conectamos, oferecendo um vasto cenário digital onde as redes podem ser ampliadas com apenas um clique. Grupos em redes sociais voltados para interesses ou profissões específicas funcionam como comunidades vibrantes, onde pessoas com mentalidade semelhante podem dialogar, compartilhar recursos e oferecer apoio. Essas plataformas ultrapassam fronteiras geográficas, permitindo que você se conecte com indivíduos de diferentes origens culturais e profissionais. Participar de conferências virtuais e *webinars* amplia ainda mais esse alcance, oferecendo acesso a *insights* de especialistas e discussões que podem enriquecer seu conhecimento e expandir sua rede. Ao se envolver ativamente nesses espaços on-line, você aumenta sua visibilidade e se posiciona como um colaborador valioso, fomentando relacionamentos que levam a parcerias e sucesso compartilhado.

Embora o ambiente digital ofereça uma conectividade incomparável, o valor das interações presenciais na construção de relacionamentos fortes continua sendo insubstituível. Existe uma autenticidade e profundidade únicas nas conexões pessoais que as interações digitais muitas vezes têm dificuldade em replicar. Participar de eventos locais e *workshops* relacionados aos seus interesses ou área profissional oferece uma oportunidade de interagir diretamente com outras pessoas, facilitando encontros espontâneos e genuínos que podem formar a base de relacionamentos duradouros. Oportunidades de voluntariado em advocacia para o autismo ou outras iniciativas comunitárias proporcionam uma plataforma para trabalhar ao lado de outros em prol de um objetivo comum, fortalecendo os laços por meio de um propósito compartilhado. Essas interações presenciais permitem que as nuances da linguagem corporal e do tom complementem a comunicação verbal, criando uma experiência mais holística e enriquecedora que pode aprofundar os vínculos relacionais.

Equilibrar os mundos digital e físico do *networking* requer intencionalidade e estratégia, garantindo que cada esfera complemente e potencialize a outra. Estabelecer objetivos claros para suas atividades de *networking* pode orientar seus esforços, seja expandindo conexões profissionais, buscando mentoria ou se envolvendo com iniciativas comunitárias. Esses objetivos fornecem um *framework* (estrutura) para medir o progresso e garantir que seus esforços de *networking* estejam alinhados com seus objetivos pessoais e profissionais mais amplos. Utilizar as conexões on-line para facilitar encontros presenciais é uma estratégia poderosa para integrar esses dois mundos. Por exemplo, entrar em contato com uma pessoa on-line para marcar um café ou participar de um evento local recomendado por um grupo digital pode fazer a ponte entre as interações virtuais e do mundo real. Essa abordagem solidifica os relacionamentos e enriquece sua rede com perspectivas e experiências diversas.

Quando abordado com autenticidade e abertura, o *networking* torna-se um canal para o crescimento e a conexão. Não se trata apenas de expandir sua lista de contatos, mas de cultivar relacionamentos significativos, recíprocos e enriquecedores. Ao navegar pelas complexidades do *networking* on-line e off-line, lembre-se de que cada interação tem o potencial de transformar seu caminho, oferecendo *insights* e oportunidades que podem moldar profundamente sua jornada. Ao abraçar a dinâmica entre as conexões digitais e presenciais, você cria uma rede diversificada e robusta que é um testemunho do poder da colaboração e da comunidade.

Tudo se Resume à Comunidade e à Criação de Conexões Significativas

Quando comecei a escrever *O Guia do Autismo para Adultos*, meu objetivo era criar algo que ajudasse as pessoas a entenderem melhor a si mesmas. Seja você alguém recentemente diagnosticado na fase adulta ou alguém que já navega pela vida com autismo há anos, este guia foi feito para ser como um amigo — alguém que te entende.

Escrever este livro foi uma jornada, fazendo-me refletir sobre a minha própria vida — sobre todos os momentos confusos que não faziam sentido até que, um dia, finalmente fizeram. Quando você está tentando montar um quebra-cabeça, de repente encontra uma peça que torna tudo mais claro. Foi assim que me senti ao aprender sobre o meu autismo. E é isso que espero que este livro seja para você — uma peça que ajude a enxergar o seu quadro de forma mais clara.

Agora, preciso da sua ajuda. Se este livro fez a diferença para você — talvez tenha dado uma nova perspectiva, feito sentir-se menos sozinho, ou simplesmente fez você dizer: "Uau, isso sou eu!" — adoraria que você pudesse compartilhar seus pensamentos em uma resenha. Não precisa ser longa nem sofisticada.

Para fazer a diferença, basta escanear o QR Code abaixo (ou o link, se você estiver lendo pelo Kindle) e deixar uma avaliação:

https://www.amazon.com/review/review-your-purchases/?asin=B0DSCMDVT2

Por que a sua avaliação é importante?

Quando as pessoas procuram livros sobre autismo, as avaliações ajudam a decidir o que vale a pena ler. Suas palavras podem incentivar outra pessoa a pegar este guia e encontrar o entendimento que estava buscando.

Portanto, se *O Guia do Autismo para Adultos* de alguma forma ajudou-o, por favor, considere deixar uma avaliação. Você pode inspirar alguém a começar sua jornada de autoconhecimento e, se você adora ajudar os outros, é exatamente isso o que sou.

Obrigado por fazer parte disso. Tudo se resume à comunidade e à criação de conexões significativas, e a sua voz é importante!

Com gratidão,

JJ Andrade

2.7 Gerenciando Relacionamentos Complexos: Limites e Expectativas

Os limites são frequentemente vistos como a base de relacionamentos saudáveis, fornecendo a integridade estrutural necessária para o respeito mútuo e a compreensão. Limites são as linhas invisíveis que delimitam onde uma pessoa termina e a outra começa, abrangendo os âmbitos físico, emocional e digital. Limites físicos dizem respeito ao espaço pessoal e ao toque, limites emocionais envolvem a gestão de sentimentos e responsabilidades emocionais, e limites digitais se referem à tecnologia e interações on-line. Reconhecer e respeitar esses limites é crucial, pois protegem a autonomia individual e promovem um ambiente onde ambas as partes podem prosperar. As necessidades de limites pessoais são únicas e moldadas pelas preferências individuais, experiências passadas e valores. Navegar nas relações de forma eficaz, refletir e comunicar essas necessidades é essencial para garantir que ambos os parceiros estejam alinhados.

Estabelecer e comunicar limites é uma habilidade sutil que exige clareza e assertividade, mas é uma ferramenta inestimável para construir e manter relacionamentos saudáveis. Articular limites envolve estabelecer de maneira firme e respeitosa os limites e expressar necessidades pessoais. Frases como: "Preciso de um tempo para processar meus pensamentos antes de discutir mais sobre isso" ou "Estou confortável em compartilhar isso, mas gostaria de manter outros aspectos privados" podem servir como modelos para definir limites. Praticar conversas sobre limites em ambientes seguros e acolhedores pode aumentar a confiança, permitindo que a linguagem e a forma de se comunicar sejam refinadas antes de lidar com situações mais desafiadoras. É importante lembrar que estabelecer limites não se trata de criar barreiras, mas de promover um espaço onde cada indivíduo se sinta seguro, respeitado e valorizado.

Gerenciar as expectativas dentro dos relacionamentos é outro componente crucial que garante compreensão mútua e satisfação. As expectativas podem frequentemente ser uma fonte de conflito se não forem claramente comunicadas e alinhadas entre as partes. É benéfico esclarecer as expectativas desde o início e discutir objetivos compartilhados, responsabilidades e desejos para evitar mal-entendidos. Esse alinhamento inicial cria uma base sobre a qual o relacionamento pode se desenvolver, minimizando o potencial de decepção ou ressentimento. No entanto, os relacionamentos são dinâmicos, e as expectativas podem evoluir, exigindo revisões e ajustes regulares. Agendar verificações periódicas para revisitar e discutir expectativas permite flexibilidade e adaptação, garantindo que ambos os parceiros permaneçam sintonizados com as necessidades e prioridades um do outro.

Navegar pelos desafios dos relacionamentos é um aspecto inevitável de manter relações complexas, mas também é uma oportunidade de crescimento e fortalecimento dos laços. Técnicas de resolução de conflitos, como escuta ativa, empatia e compromisso, são fundamentais para lidar com desacordos e resolvê-los. O diálogo aberto, no qual ambas as partes se sentem ouvidas e compreendidas, é essencial para encontrar soluções mutuamente aceitáveis. Em alguns casos, buscar mediação ou apoio de terceiros, como um terapeuta ou conselheiro, pode fornecer uma perspectiva objetiva e facilitar conversas produtivas. Esses profissionais podem oferecer ferramentas e estratégias para gerenciar conflitos, garantindo que os desafios sejam enfrentados de maneira construtiva, e não destrutiva.

Construir e sustentar amizades é como cultivar um jardim, exigindo cuidado contínuo, atenção e alimentação. As amizades florescem com experiências compartilhadas, apoio mútuo e a disposição de investir tempo e esforço para manter a conexão. A comunicação regular mantém o relacionamento vivo e vibrante, seja por meio de encontros agendados, ligações telefônicas ou mensagens. Além disso, enfrentar mudanças e desafios juntos, como transições de vida ou dificuldades pessoais, pode fortalecer o vínculo, reforçando a confiança e a compreensão que sustentam a amizade. Ao abordar as amizades com intenção e abertura, você cria um ambiente de cuidado onde ambas as partes podem florescer.

Relacionamentos românticos, com suas dinâmicas e complexidades únicas, apresentam tanto oportunidades quanto desafios. Compreender a perspectiva do seu parceiro e cultivar empatia e apreço pelas experiências e emoções dele são fundamentais. Essa compreensão é essencial ao navegar no amor dentro do espectro, onde os estilos de comunicação, sensibilidades sensoriais e preferências sociais podem variar. Um diálogo aberto e honesto sobre essas diferenças pode fortalecer a intimidade e a conexão, permitindo que ambos os parceiros se sintam valorizados e aceitos. As dinâmicas familiares também desempenham um papel significativo nos relacionamentos românticos, influenciando percepções, expectativas e interações. Promover compreensão e apoio no contexto familiar pode fortalecer o relacionamento, oferecendo uma rede de encorajamento e aceitação.

A socialização on-line, como uma extensão digital das interações interpessoais, oferece uma plataforma única para conexão e engajamento. As conexões digitais permitem que os indivíduos transcendam limites geográficos, proporcionando acesso a comunidades e perspectivas diversas. No entanto, elas também exigem o estabelecimento de limites digitais para proteger a privacidade e o bem-estar. Equilibrar interações on-line com conexões presenciais é fundamental para manter uma vida social saudável, garantindo que o ambiente digital complemente, e não substitua, os relacionamentos cara a cara.

Ser pai ou mãe como uma pessoa neurodivergente apresenta desafios e alegrias, exigindo um equilíbrio delicado entre o crescimento pessoal e as responsabilidades familiares. Compreender e abraçar seu estilo único de criação pode promover um ambiente acolhedor e de apoio para você e seus filhos. Buscar apoio de pais com mentalidade semelhante ou grupos de apoio à paternidade pode oferecer valiosos *insights* e encorajamento, ajudando a lidar com as complexidades da criação dos filhos com confiança e resiliência.

Frequentemente encarada como algo trivial, a conversa fiada é um lubrificante social que facilita conexões e relacionamentos mais profundos. Para indivíduos neurodivergentes, fazer a conversa fiada funcionar envolve encontrar tópicos de interesse mútuo e empregar técnicas de comunicação que sejam autênticas e confortáveis. Praticar essas interações em ambientes de baixa pressão pode aumentar a confiança, criando uma base para trocas mais significativas.

Compreender as dinâmicas dos relacionamentos é uma tarefa multifacetada, que exige empatia, comunicação e adaptabilidade. Ao abraçar esses princípios, você se capacita a navegar pelas complexidades dos relacionamentos com graça e autenticidade, promovendo conexões enriquecedoras e duradouras.

2.8 Resolução de Conflitos: Transformando Desafios em Oportunidades

A natureza do conflito é tão multifacetada quanto as pessoas que o enfrentam, muitas vezes surgindo de mal-entendidos, expectativas não atendidas ou valores diferentes. Nos relacionamentos interpessoais, os conflitos não são apenas obstáculos a serem superados, mas oportunidades para crescimento e compreensão. Identificar as causas comuns dos conflitos exige introspecção e honestidade, além de fazer perguntas críticas sobre as necessidades e desejos envolvidos. Considere como a falta de comunicação pode ter semeado a discórdia ou como suposições sobre as intenções dos outros podem ter levado ao atrito. Ao ver o conflito como uma oportunidade para aprender e evoluir, você se abre para um processo transformador. Essa mudança de perspectiva permite uma abordagem mais construtiva, em que os conflitos se tornam catalisadores para uma conexão e compreensão mais profundas, em vez de meros pontos de discórdia.

Estratégias eficazes de resolução de conflitos são essenciais para navegar por esses desafios com graça e empatia. É fundamental, nesse processo, a escuta ativa, uma prática que envolve se engajar totalmente com quem está falando e reconhecer sua perspectiva. Isso significa deixar de lado noções preconcebidas e ouvir o que a outra pessoa expressa tanto verbalmente quanto não verbalmente. Utilizar declarações em primeira pessoa ("eu") para expressar sentimentos pode aprimorar ainda mais esse diálogo, mudando o foco da culpa para a experiência pessoal. Por exemplo, dizer "eu me sinto ignorado quando as decisões são tomadas sem a minha contribuição" convida a uma resposta mais aberta e empática do que "você sempre ignora minhas opiniões". Essa abordagem promove uma atmosfera colaborativa onde ambas as partes se sentem ouvidas e validadas, abrindo caminho para a resolução.

Em ambientes de grupo, mediar conflitos exige um equilíbrio delicado entre facilitação e orientação, garantindo que todas as vozes sejam respeitadas e consideradas. O diálogo aberto e a discussão são cruciais, criando um espaço seguro onde os participantes podem expressar seus pensamentos e sentimentos sem medo de julgamento ou represálias. Como mediador, você incentiva uma conversa construtiva, guiando o grupo para um entendimento e acordo mútuos. Utilizar técnicas como estabelecer regras básicas de comunicação ou designar tempos de fala pode ajudar a gerenciar o fluxo da discussão, garantindo que todos tenham a oportunidade de contribuir. Ao promover um ambiente inclusivo, você capacita o grupo a resolver conflitos coletivamente, aproveitando as diversas perspectivas e percepções de seus membros.

Refletir sobre os conflitos e extrair lições valiosas é um processo que enriquece o crescimento pessoal e aprimora as interações futuras. Registrar suas experiências de conflito em um diário permite explorar e analisar as dinâmicas envolvidas, desvendando padrões ou gatilhos que possam ter contribuído para a situação. Essa prática reflexiva traz clareza e convida à introspecção, oferecendo percepções sobre como conflitos semelhantes poderiam ser abordados de maneira diferente no futuro. Desenvolver planos de ação para conflitos futuros é outro passo valioso, equipando você com estratégias e ferramentas a serem usadas quando surgirem tensões. Considere quais abordagens foram eficazes no passado ou quais novas técnicas podem ser exploradas. Ao se preparar proativamente para potenciais conflitos, você transforma a incerteza em confiança, aprimorando sua capacidade de lidar com desafios interpessoais com resiliência e compreensão.

No grande tecido da vida, os conflitos são os fios que, quando habilidosamente entrelaçados, adicionam profundidade e complexidade aos nossos relacionamentos. Os conflitos tornam-se oportunidades de crescimento por meio da compreensão, empatia e reflexão, aproximando-nos das conexões autênticas que buscamos. À medida que exploramos essa dança intrincada da interação humana, lembre-se de que cada passo dado em direção à resolução é um testemunho do seu compromisso com o crescimento pessoal e relacional, abrindo caminho para um futuro próspero, repleto de compreensão e possibilidades.

As complexidades da resolução de conflitos servem como uma ponte para o próximo capítulo, no qual o foco se desloca para o crescimento profissional e o sucesso na carreira. Compreender e resolver conflitos é relevante não apenas nas esferas pessoais, mas também crucial no ambiente de trabalho, onde colaboração e comunicação são fundamentais. O próximo livro explorará estratégias para navegar com confiança no âmbito profissional, construindo sobre as bases de comunicação eficaz e gestão de relacionamentos.

Livro 3: O Livro do Crescimento Profissional e Sucesso na Carreira

Imagine estar à beira do precipício da sua profissão, com a vasta paisagem de oportunidades profissionais estendendo-se diante de você, cada caminho representando diferentes futuros possíveis. Para muitos, essa visão é empolgante, mas para outros, pode ser desafiadora, um quebra-cabeça de opções e oportunidades que exigem um cuidado especial para navegar. Como um adulto autista ou uma pessoa neurodivergente, você pode perceber que os caminhos tradicionais de carreira e as expectativas não se encaixam perfeitamente em você. No entanto, essa percepção não é uma limitação, mas sim um convite para repensar o que o sucesso significa para você de forma pessoal.

Ao reconhecer seus pontos fortes únicos e desenvolver suas melhores habilidades e mentalidade, você pode moldar uma carreira que não seja apenas sobre fazer coisas, mas também sobre se alinhar com seu eu autêntico.

Determinar as habilidades essenciais para o caminho de carreira desejado é como construir um conjunto de ferramentas personalizado para a jornada à frente. Comece mapeando as habilidades técnicas necessárias para o setor escolhido, que frequentemente formam a base sobre a qual você constrói suas habilidades profissionais.

Seja aprendendo linguagens de programação para atuar no desenvolvimento de software ou desenvolvendo habilidades analíticas para uma carreira em ciência de dados, essas competências técnicas são essenciais para o seu sucesso.

No entanto, tão vitais quanto as habilidades técnicas são as *soft skills* — essas qualidades abstratas que favorecem a colaboração e a flexibilidade no ambiente de trabalho. Habilidades como comunicação eficaz, trabalho em equipe e inteligência emocional não apenas melhoram sua capacidade de trabalhar em harmonia com os outros, mas também o capacitam a navegar pelas complexidades das dinâmicas interpessoais com facilidade. Ao desenvolver essas *soft skills*, você pode se posicionar como um colaborador completo e valioso, preparado para prosperar em diferentes ambientes profissionais.

Cultivar uma mentalidade de crescimento é um esforço transformador que impulsiona seu aprendizado e abre novas possibilidades.

Essa mentalidade está enraizada na ideia de que as capacidades podem ser desenvolvidas por meio de dedicação e esforço, impulsionando seu crescimento profissional e desbloqueando seu potencial. Encare os desafios que você enfrenta não como obstáculos difíceis, mas como lições importantes que aprimoram suas habilidades e pontos fortes.

A determinação torna-se sua aliada, permitindo que você se recupere das dificuldades com energia renovada e confiança nas decisões. Adotar uma mentalidade de crescimento transforma seu trabalho em um espaço dinâmico, onde você pode experimentar, aprender e alcançar o sucesso.

3.1 Elemento Interativo: Reflexão e Definição de Metas

A gestão do tempo, a arte de organizar suas horas com precisão e propósito, é uma habilidade essencial para maximizar a produtividade e alcançar metas profissionais. Utilize *frameworks* de priorização, como a Matriz de Eisenhower, a qual ajuda a diferenciar tarefas urgentes das importantes, garantindo que seus esforços estejam alinhados com seus objetivos. Ferramentas como *Trello* ou *Asana* oferecem plataformas digitais para acompanhar tarefas e prazos, proporcionando uma abordagem estruturada para gerenciar sua carga de trabalho. Ao administrar seu tempo de forma eficiente, você cria espaço tanto para responsabilidades profissionais quanto para momentos de reflexão pessoal, alcançando um equilíbrio que favorece o crescimento integral.

Estabelecer metas profissionais fornece um plano claro para sua carreira, orientando suas ações e aspirações com clareza e propósito. O *framework SMART* — *Specific* (Específico), *Measurable* (Mensurável), *Achievable* (Alcançável), *Relevant* (Relevante) e *Time based* (com Prazo Determinado) — é uma ferramenta poderosa para definir metas inspiradoras e realistas. A autoavaliação regular permite que você analise seu progresso, fazendo ajustes para garantir que sua trajetória esteja alinhada com sua visão em constante evolução. Essas metas tornam-se marcos na sua jornada, e cada conquista é um testemunho da sua perseverança e dedicação.

Reserve um momento para refletir sobre suas habilidades atuais e seus objetivos de carreira. Usando o *framework SMART*, elabore uma meta profissional de curto e outra de longo prazo. Considere quais habilidades técnicas ou comportamentais você precisa desenvolver para alcançar essas metas.

Revise e ajuste suas metas regularmente para mantê-las alinhadas ao seu crescimento profissional e às suas aspirações pessoais.

Ao trilhar esse caminho de crescimento profissional e sucesso na carreira, lembre-se de que sua jornada é única, moldada pelas suas forças e aspirações. Abrace as oportunidades de aprendizado e desenvolvimento, sabendo que cada passo o aproxima da carreira e da vida que você idealiza.

3.2 Acomodações no Ambiente de Trabalho: Defendendo Suas Necessidades

Navegar pelo ambiente de trabalho como uma pessoa autista exige o entendimento dos seus direitos e das leis criadas para protegê-los. O *Americans with Disabilities Act* (ADA) — Lei dos Americanos com Deficiências —, uma base fundamental da legislação sobre os direitos das pessoas com deficiência nos Estados Unidos, determina que os empregadores ofereçam acomodações razoáveis para funcionários qualificados com deficiência, incluindo o autismo. Esse marco legal garante o direito de solicitar modificações no ambiente de trabalho que permitam a você desempenhar suas funções de maneira eficaz. Leis semelhantes existem em outros países, adaptadas a cada jurisdição, oferecendo uma rede de proteção que permite a defesa das suas necessidades. Familiarizar-se com essas leis é essencial, dando a você a confiança necessária para discutir acomodações com seu empregador de forma assertiva. Muitos recursos estão disponíveis para ajudá-lo a compreender as políticas do ambiente de trabalho, como os guias da *Job Accommodation Network* (JAN) — Rede de Acomodações no Trabalho — ou da *Employer Assistance and Resource Network on Disability Inclusion* (EARN) — Rede de Assistência ao Empregador e Recursos sobre Inclusão de Pessoas com Deficiência —, que oferecem informações valiosas e estratégias para conduzir essas conversas.

Identificar as acomodações que mais beneficiarão você é um processo personalizado, exigindo introspecção e conscientização das suas necessidades únicas. Acomodações padrão, como horários de trabalho flexíveis, podem criar um ambiente mais favorável. Por exemplo, iniciar o expediente mais tarde pode ajudar a evitar sobrecarga sensorial durante um trajeto matinal agitado. Ajustes personalizados no espaço de trabalho, como fones de ouvido com cancelamento de ruído ou uma área silenciosa, também podem desempenhar um papel crucial no aumento da concentração e na redução do estresse. Essas ferramentas e práticas são fundamentais para criar um ambiente que apoie tanto sua produtividade quanto seu bem-estar. Ao ajustar seu ambiente para atender às suas necessidades, você cria um espaço de trabalho que promove conforto e eficiência, permitindo que você prospere em sua função.

Comunicar suas necessidades de acomodação ao empregador de forma eficaz é uma habilidade que, embora desafiadora, pode ser aprimorada com prática e preparação. Comece elaborando um pedido objetivo e claro, que detalhe as acomodações necessárias e os motivos pelos quais elas são importantes. É útil apresentar o pedido destacando como essas modificações podem melhorar seu desempenho e contribuir para o sucesso da equipe ou da organização como um todo. Praticar conversas com um amigo de confiança ou mentor cria um espaço seguro para treinar como articular suas necessidades, ajudando a aumentar a confiança e refinar sua abordagem. Ao se reunir com seu empregador ou representante de RH, aborde a conversa de forma aberta e colaborativa, enfatizando seu compromisso em contribuir positivamente para o ambiente de trabalho enquanto aborda suas necessidades pessoais.

Construir relacionamentos de apoio no ambiente de trabalho é outro elemento crucial para promover um ambiente inclusivo e acolhedor. Encontrar aliados e mentores entre seus colegas pode oferecer um suporte e orientação valiosos, ajudando-o a navegar mais facilmente nas dinâmicas do local de trabalho. Essas pessoas podem defendê-lo, oferecer conselhos e ajudar a criar uma cultura de compreensão e aceitação. Participar de grupos de recursos para funcionários dedicados a apoiar colaboradores neurodiversos também pode proporcionar um senso de comunidade e pertencimento, permitindo que você se conecte com outras pessoas que compartilham experiências e desafios semelhantes. Ao cultivar esses relacionamentos, você aprimora sua experiência de trabalho e contribui para uma cultura organizacional mais inclusiva, que valoriza a diversidade e a colaboração.

Você abre o caminho para uma carreira gratificante e bem-sucedida ao entender seus direitos, identificar as acomodações necessárias, comunicar-se de forma eficaz e construir relacionamentos de apoio no ambiente de trabalho. Essa jornada em direção ao empoderamento no local de trabalho envolve defender suas necessidades e contribuir para um movimento mais amplo de inclusão e compreensão no mundo profissional.

3.3 Caminhos de Desenvolvimento de Carreira: Aproveitando Seus Pontos Fortes Únicos

Compreender e aproveitar seus pontos fortes únicos é essencial para navegar pelo cenário profissional com confiança e clareza. Cada pessoa possui um conjunto de talentos e capacidades que, quando identificados e cultivados, podem iluminar seu caminho para o sucesso na carreira. Participar de uma avaliação de pontos fortes, como o Teste de Personalidade DISC - sigla em inglês para *Dominance* (Dominância), *Influence* (Influência), *Steadiness* (Estabilidade), *Compliance* (Conformidade) - pode fornecer *insights* valiosos sobre suas tendências naturais, destacando áreas nas quais você se sobressai naturalmente. Essa conscientização é afirmativa e estratégica, permitindo que você alinhe suas escolhas de carreira com seus pontos fortes, maximizando a satisfação e a produtividade. Considere o exemplo real de uma pessoa cuja atenção meticulosa aos detalhes e afinidade por números a levou a uma carreira bem-sucedida em Análise de Dados. Esse papel aproveitou suas habilidades naturais, ao mesmo tempo em que proporcionou um senso de propósito e realização.

Explorar diferentes caminhos de carreira que ressoem com seus pontos fortes pessoais abre um mundo de possibilidades além dos cargos tradicionais. Em um mercado de trabalho em rápida evolução, opções alternativas de carreira oferecem oportunidades únicas para aplicar suas habilidades de maneira inovadora. Trajetórias de carreira não lineares — aqueles que se desviam da tradicional escada de progressão — podem ser extremamente gratificantes, permitindo flexibilidade e adaptabilidade na busca por interesses e paixões variados. Essa abordagem amplia seus horizontes profissionais e fomenta uma jornada de carreira dinâmica e gratificante, na qual o caminho é tão importante quanto o destino. Ao abraçar o potencial de diferentes caminhos de carreira, você se capacita a buscar funções que não apenas estejam alinhadas com seus pontos fortes, mas também reflitam suas aspirações e valores em constante evolução.

Fazer *networking* com propósito é uma ferramenta poderosa para construir conexões profissionais que apoiem e impulsionem suas aspirações de carreira. Em vez de encará-lo como um exercício transacional, considere como uma oportunidade de cultivar relacionamentos significativos com pessoas que compartilham seus interesses e valores. Participar de conferências específicas da sua área pode ser um terreno fértil para essas conexões, oferecendo acesso a líderes de pensamento, possíveis mentores e colegas com interesses semelhantes. Da mesma forma, utilizar plataformas como o *LinkedIn* permite que você se conecte com uma rede global de profissionais, facilitando vínculos que podem levar a oportunidades de mentoria, colaborações e avanço na carreira. Ao abordar o *networking* com intenção e autenticidade, você cria uma comunidade de apoio que o impulsiona em direção aos seus objetivos profissionais, ao mesmo tempo em que oferece suporte recíproco e inspiração.

O aprimoramento contínuo de habilidades é um pilar do crescimento profissional sustentado, permitindo que você permaneça ágil e competitivo em um mercado de trabalho em constante mudança. Cursos on-line e certificações por meio de plataformas como o *EdX* oferecem oportunidades flexíveis para aprofundar sua *expertise*, adquirir novas habilidades e se manter atualizado sobre as novidades do setor. Esse compromisso com o aprendizado ao longo da vida enriquece suas capacidades profissionais e fomenta uma mentalidade de curiosidade e inovação. Buscar *feedback* e mentoria potencializa ainda mais seu crescimento, oferecendo *insights* e orientações de pessoas que já trilharam caminhos semelhantes. Interagir com mentores proporciona uma valiosa oportunidade de aprender com suas experiências, obter uma perspectiva sobre sua trajetória e receber *feedback* construtivo que orienta seu desenvolvimento. Ao abraçar o aprimoramento contínuo de habilidades, você se posiciona como um profissional proativo e adaptável, pronto para aproveitar oportunidades e navegar com confiança pelos desafios.

3.4 Estratégias de Busca de Emprego: Personalizando Sua Abordagem para o Sucesso

O processo de busca de emprego muitas vezes parece uma dança complexa, exigindo precisão e adaptabilidade. Criar um currículo e uma carta de apresentação que se destaquem é fundamental para capturar a atenção de empregadores em potencial. Isso envolve mais do que simplesmente listar suas habilidades e experiências; trata-se de personalizar esses documentos para refletir as demandas específicas de cada vaga. Comece analisando a descrição do cargo e identificando palavras-chave que destacam o que o empregador está buscando. Integre essas palavras-chave de maneira fluida em seu currículo e carta de apresentação, garantindo que suas habilidades e experiências relevantes se destaquem. Por exemplo, se o empregador enfatiza trabalho em equipe e resolução de problemas, insira esses termos em suas descrições, ilustrando sua proficiência com exemplos concretos. Isso alinha sua candidatura às necessidades do empregador e demonstra sua atenção aos detalhes e compreensão do cargo.

Na era digital, as plataformas de busca de emprego são ferramentas indispensáveis para descobrir oportunidades e fazer conexões. O *LinkedIn*, com sua vasta rede profissional, é um recurso particularmente valioso. Navegar por suas ferramentas de busca de emprego permite filtrar vagas que correspondem às suas habilidades e interesses, ao mesmo tempo em que oferece *insights* sobre a cultura e as expectativas das empresas. Interagir com agências de recrutamento também pode abrir portas para oportunidades não divulgadas, já que essas agências frequentemente têm contato direto com empregadores em busca de talentos específicos. Ao trabalhar com recrutadores, seja claro sobre seus objetivos e preferências de carreira, permitindo que eles o conectem a oportunidades adequadas. Utilizar essas plataformas expande seu alcance e aumenta suas chances de encontrar um cargo alinhado às suas aspirações.

Redes pessoais e profissionais oferecem muitas oportunidades durante o processo de busca de emprego, muitas vezes funcionando como canais para vagas que podem não estar listadas publicamente. Entrevistas informativas com profissionais da indústria oferecem uma visão sobre o funcionamento interno de uma empresa ou campo, proporcionando *insights* que podem ajudar a moldar sua estratégia de candidatura e entrevista. Essas conversas informais também podem resultar em indicações ou apresentações a outros contatos importantes. Participar de eventos de *networking* e feiras de emprego permite que você interaja com empregadores cara a cara, oferecendo uma oportunidade de causar uma impressão memorável. Embora às vezes desafiadoras, essas interações podem ser valiosas para construir relacionamentos e ganhar visibilidade na indústria desejada. Aborde esses eventos com curiosidade e abertura, vendo cada encontro como um possível degrau em direção aos seus objetivos de carreira.

O aumento das buscas de emprego virtuais apresenta seus próprios desafios e oportunidades. Nesse cenário digital, criar uma presença profissional on-line é fundamental. Certifique-se de que seu perfil no *LinkedIn* esteja bem elaborado e atualizado, refletindo suas habilidades, experiências e aspirações de carreira. Considere compartilhar artigos ou *insights* sobre sua área de atuação, demonstrando sua *expertise* e se engajando com as tendências do setor. O *networking* virtual, seja por meio do *LinkedIn* ou de comunidades on-line específicas da indústria, oferece uma plataforma confortável para construir conexões, sem a sobrecarga sensorial que eventos presenciais podem às vezes envolver. Técnicas para o *networking* virtual incluem entrar em contato com mensagens personalizadas, participar de conversas significativas e fazer um acompanhamento com as pessoas com quem você se conecta. Essas interações digitais podem fomentar relacionamentos que levem a oportunidades de emprego e colaborações, provando que o ambiente virtual é tão fértil para o crescimento profissional quanto o físico.

3.5 Dominando a Entrevista: A Autenticidade como Sua Força

Imagine a sala de entrevista como um palco onde sua história única se desenrola, um espaço onde a autenticidade brilha como seu maior trunfo. Para se preparar de maneira eficaz, mergulhe no entendimento da cultura e dos valores da empresa, assim como um explorador que se familiariza com um novo terreno. Esse conhecimento o capacita a alinhar suas narrativas com o *ethos* (valores) da empresa, demonstrando sua compatibilidade profissional e o interesse genuíno pela missão deles. Ao praticar respostas para perguntas comuns de entrevistas, concentre-se em elaborar respostas que integrem suas experiências pessoais e percepções. Não se trata de ensaiar um roteiro, mas de encontrar as palavras que ressoam com a sua verdade. Familiarize-se com o método STAR — Situação, Tarefa, Ação, Resultado — um *framework* que permite estruturar suas respostas com clareza e impacto, transformando qualidades abstratas em narrativas concretas.

A autenticidade na comunicação não é apenas uma estratégia, mas um reflexo de quem você é. Ao compartilhar histórias pessoais durante a entrevista, permita que sua paixão e entusiasmo transpareçam. Essas histórias são os fios que entrelaçam suas experiências, destacando como os desafios passados moldaram suas forças e aspirações. Em vez de apresentar uma fachada de perfeição, abrace a vulnerabilidade; reconheça os momentos de aprendizado e como eles contribuíram para o seu crescimento. Essa transparência o humaniza e estabelece uma conexão com o entrevistador, convidando-o a vê-lo como um possível colega que traz tanto habilidade quanto sinceridade.

Lidar com os desafios da entrevista exige uma combinação de preparação e adaptabilidade. A ansiedade durante a entrevista é uma companheira comum, mas não precisa ser uma adversária. Técnicas como respiração profunda ou visualização podem ajudá-lo a centrar-se, transformando a energia nervosa em foco. Abordar possíveis lacunas em seu histórico profissional com honestidade e contexto pode transformar fraquezas percebidas em reflexos de resiliência. Enquadre esses períodos como oportunidades de desenvolvimento pessoal, destacando as habilidades adquiridas e os aprendizados obtidos. Essa reinterpretação narrativa demonstra sua capacidade de adaptar-se aos altos e baixos da vida, reforçando sua resiliência e prontidão para contribuir de forma significativa para a empresa.

O acompanhamento pós-entrevista é uma arte que vai além da mera cortesia. Criar e-mails de agradecimento personalizados é uma oportunidade de reiterar seu entusiasmo e refletir sobre aspectos específicos da conversa que ressoaram com você. Essa atenção aos detalhes reforça seu interesse e mantém você na mente do entrevistador. Ao refletir sobre a experiência da entrevista, considere o que correu bem e o que pode ser melhorado. Essa introspecção é valiosa, oferecendo *insights* que aprimoram sua abordagem para futuras oportunidades. Independentemente do resultado, cada entrevista é um degrau em sua jornada profissional, proporcionando lições que aumentam sua confiança e competência. Engaje-se plenamente nessas experiências, sabendo que a autenticidade é seu aliado mais forte para navegar no complexo mundo das entrevistas.

3.6 Empreendedorismo e Autonomia: Criando Seu Nicho

Imagine-se em uma encruzilhada entre inovação e oportunidade, onde os caminhos tradicionais de carreira se separam, dando lugar a um vasto universo de empreendimentos. Esse espaço promete autonomia, criatividade e a chance de construir algo extraordinário. Para muitas pessoas autistas, o empreendedorismo não é apenas uma alternativa de carreira, mas uma tela em branco para pintar sua visão única de sucesso. Tudo começa com a identificação de lacunas no mercado — necessidades não atendidas ou oportunidades negligenciadas que, uma vez reconhecidas, podem se transformar em negócios prósperos. A jornada de empreendedores autistas bem-sucedidos é uma prova do potencial ilimitado que existe quando se ousa pensar além dos moldes convencionais. Suas histórias, ricas em engenhosidade e resiliência, servem tanto como inspiração quanto como um modelo para quem busca conquistar seu próprio nicho no mundo do empreendedorismo.

Elaborar um plano de negócios é como construir o projeto de um sonho, detalhando minuciosamente cada componente que dará vida à sua visão. No centro desse processo está a proposta de valor — uma declaração envolvente que articula os benefícios únicos do seu negócio para seus clientes. É a promessa de valor que faz os consumidores escolherem seu produto ou serviço em vez das opções disponíveis. No entanto, uma proposta de valor atraente é apenas o começo; o planejamento financeiro e o orçamento são os pilares fundamentais que sustentam seu empreendimento. Isso envolve prever despesas, estimar fluxos de receita e garantir que você tenha o capital necessário para manter suas operações nas fases iniciais. Ao abordar o planejamento financeiro com rigor e visão, você estabelece as bases para um empreendimento inovador e financeiramente viável.

O caminho do trabalho autônomo não é isento de desafios; cada obstáculo testa sua determinação e capacidade de adaptação. Equilibrar a vida pessoal e profissional como empreendedor é uma dança delicada, na qual as fronteiras entre o pessoal e o profissional frequentemente se misturam. É necessário um esforço consciente para separar o tempo de trabalho do tempo de descanso e lazer, garantindo que nenhuma dessas áreas seja negligenciada. Estratégias para manter a motivação e a disciplina são fundamentais, já que a liberdade do empreendedorismo pode, por vezes, levar à procrastinação ou ao esgotamento. Estabelecer metas regulares, criar uma rotina estruturada e celebrar pequenas conquistas são práticas que ajudam a manter o ritmo, mantendo o foco e a determinação, mesmo diante das adversidades.

Aproveitar suas forças únicas no mundo dos negócios é uma maneira poderosa de diferenciar seu empreendimento em um mercado competitivo. Como empreendedor, você pode incorporar valores pessoais ao seu negócio, criando uma marca que ressoe com autenticidade e propósito. Esse alinhamento entre negócios e valores atrai clientes que compartilham da mesma visão e proporciona um senso de realização e satisfação no seu trabalho. Construir um modelo de negócios com base em suas habilidades inatas permite que você aproveite ao máximo aquilo que faz de melhor, seja na resolução de problemas, no pensamento criativo ou na atenção meticulosa aos detalhes. Essa sinergia entre o pessoal e o profissional transforma seu negócio em algo mais do que apenas uma empresa — ele torna-se um reflexo da sua identidade e de suas aspirações.

3.7 Autismo em Diferentes Culturas: Compreendendo Perspectivas Globais

O mosaico de percepções culturais sobre o autismo é tão variado e complexo quanto o próprio mundo. Cada cultura carrega crenças e equívocos que moldam a maneira como o autismo é compreendido e tratado. Em algumas sociedades, crenças tradicionais podem interpretar o autismo através de uma lente de superstição ou estigma, atribuindo-o a falhas espirituais ou morais. Essas perspectivas frequentemente levam à marginalização, fazendo com que indivíduos no espectro sejam incompreendidos ou excluídos. Por outro lado, há culturas que abraçam a neurodiversidade, reconhecendo as contribuições únicas que pessoas autistas podem oferecer. A mídia desempenha um papel crucial na formação dessas percepções, influenciando a opinião pública ao retratar personagens autistas. Enquanto algumas representações são sensíveis e precisas, outras perpetuam estereótipos, reforçando equívocos e dificultando a aceitação. Compreender essas narrativas culturais é essencial para defender os direitos de forma eficaz e promover uma comunidade global mais inclusiva.

As percepções culturais têm um impacto profundo na vida das pessoas autistas, influenciando desde a aceitação social até o acesso a recursos essenciais. Em regiões onde o estigma prevalece, indivíduos autistas podem enfrentar barreiras significativas na educação, no emprego e na saúde, limitando suas oportunidades de crescimento e realização pessoal. Esses ambientes podem intensificar sentimentos de isolamento e diminuir a autoestima, dificultando que alcancem todo o seu potencial. Por outro lado, culturas que valorizam a diversidade e promovem a inclusão criam um terreno fértil para que pessoas autistas prosperem, oferecendo sistemas de apoio e oportunidades que melhoram sua qualidade de vida. O nível de aceitação em uma sociedade muitas vezes determina a disponibilidade de recursos, desde programas educacionais especializados até adaptações no ambiente de trabalho. Defender uma maior conscientização e compreensão pode ajudar a transformar as percepções culturais, abrindo caminho para ambientes mais acolhedores que capacitem pessoas autistas a alcançar o sucesso.

Examinar como o autismo é abordado em diferentes regiões revela um cenário marcado por avanços e desigualdades. Países desenvolvidos frequentemente contam com políticas bem estabelecidas e sistemas de apoio, oferecendo estruturas para inclusão e adaptações em diversos setores. Essas políticas geralmente são resultado de anos de advocacia e colaboração entre diferentes partes interessadas, promovendo uma abordagem mais informada e solidária em relação ao autismo. Por outro lado, países em desenvolvimento podem enfrentar dificuldades devido a recursos e infraestrutura limitados, o que afeta sua capacidade de oferecer suporte adequado. No entanto, iniciativas culturais inovadoras nessas regiões demonstram resiliência e criatividade, encontrando maneiras de apoiar pessoas autistas mesmo diante de desafios sistêmicos. Programas comunitários, frequentemente impulsionados por esforços locais, evidenciam o poder da mobilização de base e o potencial para mudanças significativas. Ao compartilhar conhecimentos e estratégias entre diferentes países, podemos aprender com essas abordagens diversas e promover uma resposta global mais unificada e eficaz ao autismo.

Perspectivas globais oferecem lições e estratégias inestimáveis que podem ser adotadas para fortalecer a defesa e o suporte às pessoas autistas. Campanhas internacionais bem-sucedidas destacam a importância da colaboração e da comunicação, reunindo vozes de todo o espectro para promover mudanças. Essas iniciativas frequentemente utilizam histórias pessoais para transmitir mensagens impactantes, despertando empatia e compreensão. Modelos de suporte comunitário, que priorizam as necessidades e os pontos fortes dos indivíduos, servem como referência para criar ambientes inclusivos que celebram a diversidade. Ao adotar esses modelos, podemos cultivar comunidades que acolhem e capacitam pessoas autistas, reconhecendo seu potencial e suas contribuições. O intercâmbio de ideias e experiências entre culturas enriquece nossa compreensão sobre o autismo, permitindo a construção de sociedades mais inclusivas, onde todos possam prosperar.

3.8 Navegando nas Nuances Culturais: Abraçando a Diversidade na Neurodiversidade

Compreender as nuances culturais na neurodiversidade é como aprender um novo idioma, no qual palavras e gestos assumem significados diferentes dependendo da cultura. As diferenças linguísticas moldam como o autismo é percebido e discutido, influenciando tanto atitudes individuais quanto sociais. Por exemplo, algumas culturas podem usar termos que destacam a deficiência, enquanto outras preferem enfatizar capacidades e potencial. Essa variação linguística, dependendo do contexto cultural, pode reforçar estigmas ou promover a aceitação. Além disso, as atitudes culturais em relação à deficiência variam bastante, impactando os sistemas de apoio disponíveis para pessoas autistas. Em algumas sociedades, a deficiência pode ser vista por uma ótica de caridade, gerando compaixão em vez de empoderamento. Já outras celebram a neurodiversidade como uma parte essencial da complexidade humana. Compreender essas atitudes culturais específicas é fundamental para uma comunicação e defesa mais eficazes, permitindo adaptar estratégias que se conectem melhor com diferentes públicos.

Abraçar a diversidade dentro da neurodiversidade exige uma apreciação pelo caleidoscópio de experiências que as pessoas autistas trazem. Celebrar tradições culturais e práticas é uma forma de honrar essa diversidade, reconhecendo que o histórico de cada indivíduo enriquece sua perspectiva e contribuições. Compartilhar histórias pessoais diversas de indivíduos autistas pode iluminar a maneira como as pessoas navegam por suas vidas, oferecendo percepções que desafiam estereótipos e ampliam nossa compreensão sobre o que significa ser autista. Essas narrativas, provenientes de diferentes contextos culturais, revelam a resiliência e a adaptabilidade inerentes ao espírito humano, inspirando outros a abraçar suas identidades únicas. Ao valorizar essas histórias, cultivamos uma cultura de inclusão e respeito, em que as diferenças são vistas não como barreiras, mas como oportunidades de conexão e crescimento.

Adaptar a comunicação aos contextos culturais é essencial para superar as lacunas que as diferenças linguísticas e culturais podem criar. Algumas técnicas para vencer barreiras linguísticas incluem o uso de uma linguagem clara e simples, evitando expressões idiomáticas que podem não ter uma boa tradução entre as culturas. Recursos visuais, como diagramas ou ilustrações, também podem facilitar a compreensão, proporcionando uma linguagem universal que vai além das palavras. Os estilos de comunicação culturalmente apropriados variam: algumas culturas valorizam a objetividade, enquanto outras preferem uma abordagem mais indireta. Estar atento a essas preferências pode melhorar a comunicação e promover o respeito mútuo. Praticar a escuta ativa, na qual se escuta atentamente e se reflete sobre o que está sendo comunicado, pode fortalecer ainda mais as interações interculturais, demonstrando empatia e abertura para diferentes perspectivas.

Desenvolver a competência cultural é uma jornada contínua que enriquece as interações pessoais e profissionais. Participar de treinamentos de sensibilidade cultural oferece uma abordagem estruturada para entender as complexidades da diversidade cultural, fornecendo ferramentas e *insights* que podem informar seu comportamento e comunicação. Esses programas frequentemente abordam preconceitos inconscientes, normas culturais e comunicação eficaz entre culturas, capacitando você com o conhecimento necessário para navegar em ambientes diversos com confiança. Engajar-se com comunidades multiculturais por meio de eventos comunitários ou plataformas on-line aprimora ainda mais a competência cultural, permitindo que você experimente a riqueza das culturas de forma direta. Essas interações oferecem oportunidades de aprender com os outros, compartilhar seus pensamentos, emoções e ações, e construir conexões significativas além das barreiras culturais. Ao fomentar a competência cultural, você amplia sua compreensão do mundo e cria comunidades mais inclusivas e harmoniosas, onde a diversidade é celebrada e valorizada.

3.9 Ambientes de Trabalho Inclusivos:

Fomentando o Respeito e a Compreensão

Criar um ambiente de trabalho inclusivo exige mais do que apenas políticas no papel; é necessário uma mudança cultural que abrace a diversidade como um valor central. Implementar políticas de diversidade e inclusão é fundamental, mas sua eficácia depende de como são integradas ao cotidiano do ambiente de trabalho. Essas políticas devem ser documentos vivos, adaptáveis às necessidades em constante evolução da força de trabalho, e devem promover ativamente os benefícios de uma equipe diversa. Incentivar o diálogo aberto sobre as diferenças é essencial nesse processo. Quando os colaboradores se sentem seguros para expressar suas identidades e experiências, isso cria uma cultura de respeito e compreensão. Fóruns ou discussões regulares podem servir como plataformas para esses intercâmbios, sendo os colaboradores convidados a compartilhar suas perspectivas e ouvir os outros, cultivando assim um ambiente onde a diversidade é não apenas tolerada, mas celebrada. Essa abertura melhora as relações interpessoais e impulsiona a inovação, pois novas ideias e abordagens diversas são apresentadas.

O treinamento de inclusão é indispensável para incorporar esses valores dentro de uma organização. Desenvolver *workshops* de conscientização sobre o autismo é muito eficaz, pois educa os colaboradores sobre o espectro de experiências dentro da comunidade autista, desmistificando preconceitos e promovendo a empatia.

Esses *workshops* devem ser interativos, envolvendo os participantes em cenários que desafiem noções preconcebidas e incentivem a compreensão empática. Além disso, desenvolver treinamentos de competência cultural para os colaboradores é essencial para capacitar as equipes a lidar com as complexidades de uma força de trabalho multicultural. Essas sessões de treinamento devem focar no reconhecimento e respeito pelas diferenças culturais, no entendimento dos preconceitos inconscientes e no aprendizado de estratégias de comunicação eficazes que transcendam as barreiras culturais. Ao investir nessas iniciativas educacionais, as organizações aprimoram sua inclusão e capacitam os colaboradores com as habilidades necessárias para prosperar em um mundo diverso.

Apesar desses esforços, desafios persistem, especialmente para indivíduos autistas que podem enfrentar microagressões ou preconceitos sutis no ambiente de trabalho. Abordar essas questões exige uma abordagem proativa, na qual as estratégias para lidar com microagressões sejam discutidas abertamente e implementadas. Incentivar os colaboradores a se manifestarem quando testemunharem tais comportamentos e fornecer um mecanismo claro para denunciá-los e tratá-los é fundamental para criar um ambiente seguro e de apoio. Além disso, defender práticas inclusivas no ambiente de trabalho vai além de lidar com comportamentos negativos; envolve criar caminhos para o sucesso de todos os colaboradores, independentemente de sua neurodiversidade. Isso pode incluir o estabelecimento de programas de mentoria, ou grupos de apoio entre colegas, que ofereçam orientação e incentivo, ajudando os indivíduos a enfrentar seus desafios únicos. Ao promover uma cultura de trabalho que apoie ativamente a diversidade, as organizações podem garantir que todos os colaboradores se sintam valorizados e capacitados para contribuir com o seu melhor trabalho.

No cerne desses esforços está o papel do respeito na construção de ambientes de trabalho inclusivos. Criar diretrizes de linguagem inclusiva é uma forma de promover uma comunicação respeitosa, garantindo que a linguagem utilizada na organização seja atenciosa e inclusiva de todas as identidades. Essas diretrizes devem ser desenvolvidas de forma colaborativa, com a participação de grupos diversos de colaboradores, para garantir que reflitam as experiências e necessidades da força de trabalho. Incentivar programas de apoio entre colegas e mentoria fortalece ainda mais a cultura de respeito, proporcionando oportunidades para os colaboradores aprenderem uns com os outros e construírem conexões duradouras. Ao emparelhar indivíduos de diferentes origens ou experiências, esses programas facilitam a troca de conhecimento e perspectivas, promovendo o respeito mútuo e a compreensão. À medida que essas relações se desenvolvem, elas contribuem para um ambiente de trabalho onde a diversidade é reconhecida e vista como uma fonte de força e enriquecimento. Criar um ambiente de trabalho inclusivo é um compromisso contínuo, que exige esforço e reflexão constantes. Envolve a implementação de políticas e treinamentos, além de promover uma cultura em que todos se sintam vistos, ouvidos e respeitados. Por meio desses esforços, as organizações podem cultivar ambientes onde a diversidade floresce, desbloqueando o pleno potencial de sua força de trabalho e impulsionando a inovação e o sucesso.

3.10 Advocacia em Comunidades Diversas: Gerando Mudanças Impactantes

Compreender a dinâmica de uma comunidade é como decifrar uma tapeçaria complexa, onde cada fio representa influências e forças únicas que moldam a narrativa mais ampla. Reconhecer as partes interessadas e os influenciadores dentro dessas redes se torna fundamental ao se envolver em advocacia. Esses indivíduos ou grupos possuem uma influência significativa, capazes de influenciar a opinião pública ou as políticas. Eles podem incluir líderes locais, membros influentes da comunidade ou organizações já ativas no campo. Igualmente importante é estar ciente das estruturas de poder cultural, aquelas hierarquias implícitas que determinam quem tem influência e cujas vozes são amplificadas. Navegar por essas estruturas requer tato e visão, garantindo que seus esforços de advocacia ressoem de maneira autêntica e construtiva dentro da comunidade. Ao reconhecer e interagir com essas dinâmicas, você posiciona-se para provocar mudanças significativas, alinhando seus esforços aos valores e prioridades da comunidade.

Elaborar estratégias de advocacia que ressoem com públicos diversos envolve uma abordagem cuidadosa que adapta as mensagens para refletir os contextos culturais e sociais únicos de cada grupo. A narração de histórias, um veículo poderoso para transmitir ideias complexas, torna-se essencial nesse processo. As histórias têm o poder de transcender barreiras, evocando empatia e compreensão onde estatísticas e fatos sozinhos podem falhar. Ao integrar narrativas pessoais com os objetivos mais amplos de advocacia, você cria uma tapeçaria envolvente que convida ao engajamento e à ação. Essa abordagem humaniza a causa e permite que os indivíduos se vejam refletidos na narrativa, promovendo uma conexão mais profunda com a missão. Adaptar essas histórias para alinhar com os valores e experiências do seu público garante que sua mensagem seja relevante e impactante, incentivando a participação ativa e o apoio.

Construir coalizões e alianças amplia o alcance e a eficácia dos esforços de advocacia, transformando vozes isoladas em um coro harmonioso de mudança. Parcerias com organizações locais e líderes podem fornecer *insights* e recursos valiosos, facilitando uma abordagem mais coordenada e coesa para a advocacia. Essas parcerias aproveitam as forças e redes de cada participante, criando uma sinergia que potencializa o impacto geral das suas iniciativas. Formar grupos de advocacia multiculturais enriquece ainda mais esse esforço colaborativo, reunindo perspectivas e experiências diversas que orientam e refinam suas estratégias. Essa abordagem coletiva fortalece o movimento de advocacia e promove um senso de unidade e propósito compartilhado, capacitando as comunidades a enfrentar desafios e buscar oportunidades com renovado vigor.

Medir o impacto dos esforços de advocacia é fundamental para garantir que suas iniciativas sejam eficazes e sustentáveis. Estabelecer metas mensuráveis oferece uma estrutura clara para avaliar o progresso, permitindo acompanhar os resultados tangíveis das suas campanhas. Essas metas devem ser específicas, realistas e alinhadas à missão principal do seu trabalho de advocacia. Coletar e analisar *feedback* dos membros da comunidade oferece informações adicionais sobre a eficácia das suas estratégias, destacando áreas de sucesso e oportunidades de melhoria. Esse ciclo de *feedback* garante que seus esforços de advocacia permaneçam responsivos e adaptáveis, evoluindo conforme as necessidades e prioridades da comunidade. Ao avaliar e aprimorar continuamente sua abordagem, você assegura que sua advocacia continue relevante e impactante, promovendo mudanças significativas na vida daqueles que você busca apoiar.

3.11 Construindo Redes Inclusivas: Força na Diversidade

Redes inclusivas são ecossistemas dinâmicos onde perspectivas diversas convergem, estimulando a inovação e promovendo resiliência por meio da colaboração. Seu papel na promoção da diversidade é fundamental, oferecendo plataformas para a troca de ideias, experiências e recursos que enriquecem a compreensão coletiva. Ao incentivar o diálogo intercultural e a colaboração, essas redes expandem seu alcance e amplificam seu impacto, convidando os participantes a se envolverem com perspectivas além das suas próprias. Essa diversidade de pensamento impulsiona a criatividade e aprimora a resolução de problemas, permitindo uma abordagem mais holística para desafios complexos. Ao valorizar e respeitar as diferenças, as redes inclusivas se tornam catalisadores poderosos para o progresso, alcançando resultados que grupos homogêneos não conseguem.

Construir e sustentar tais redes requer um esforço intencional e um engajamento estratégico. Elas não se formam de maneira orgânica, mas evoluem por meio de ações direcionadas, como a organização de eventos de *networking* multiculturais criadoras de oportunidades para indivíduos diversos conectarem-se, compartilharem e colaborarem. Esses eventos devem promover um diálogo aberto e interações significativas, tanto virtuais quanto presenciais. Além disso, ao aproveitar as plataformas de mídia social, é possível expandir o alcance da rede globalmente, permitindo que indivíduos se conectem com colegas e líderes de pensamento de diferentes culturas. Ao transcender as fronteiras geográficas, as plataformas digitais cultivam uma comunidade global unida por valores e objetivos compartilhados, enriquecendo a capacidade da rede de lidar com questões globais complexas.

O engajamento ativo é fundamental para sustentar redes inclusivas. Sem interação contínua, as redes correm o risco de estagnar e perder relevância. A comunicação regular, como boletins informativos, encontros virtuais ou fóruns on-line, mantém os membros informados e conectados, promovendo um senso de pertencimento. Projetos colaborativos fortalecem os relacionamentos ao alinhar os membros em torno de objetivos comuns, ampliando o impacto da rede e as contribuições individuais. Tais iniciativas capacitam os participantes a aproveitar suas habilidades e perspectivas únicas, resultando em resultados mais prósperos e eficazes. Por meio de engajamento e colaboração consistentes, as redes inclusivas permanecem vibrantes, adaptáveis e sensíveis às necessidades e mudanças das suas comunidades e membros.

Redes inclusivas têm um potencial imenso para impulsionar mudanças sociais significativas. Mobilizá-las para campanhas de advocacia e conscientização amplifica sua influência, transformando iniciativas locais em movimentos que reverberam em uma escala mais ampla. Essas campanhas podem aproveitar o poder da narrativa para construir empatia e compreensão, destacando as experiências únicas dos membros da rede. Além disso, canalizar os recursos da rede para iniciativas comunitárias pode enfrentar desafios sistêmicos por meio de ações coordenadas, criando melhorias tangíveis na vida daqueles que ela atende. Esses esforços, impulsionados pela paixão e compromisso de membros diversos, não apenas promovem o crescimento individual, mas também ajudam a construir sociedades mais inclusivas, onde a diversidade é celebrada como uma fonte de força.

Redes inclusivas emergem como canais essenciais para promover inovação e colaboração no intricado tecido dos cenários profissionais e sociais. Elas representam um mercado vibrante de ideias, onde vozes diversas contribuem com *insights* únicos para desafios compartilhados. Ao cultivar espaços intencionais e inclusivos — tanto on-line quanto off-line — desbloqueamos o poder da diversidade para impulsionar a criatividade e resolver problemas com estratégias multifacetadas. À medida que essas redes crescem e evoluem, elas se tornam faróis de progresso, inspirando indivíduos e comunidades a se unirem em busca de um futuro mais justo e inclusivo.

3.12 Sensibilidade Cultural: Navegando pelas Diferenças Globais

No nosso mundo interconectado, a sensibilidade cultural não é apenas um ideal nobre, mas uma habilidade necessária para interações globais significativas. Respeitar normas e tradições culturais é fundamental, pois esses fios tecem a rica tapeçaria da experiência humana. Imagine entrar em uma sala onde cada pessoa carrega um conjunto único de costumes e crenças — entender e honrar essas diferenças pode transformar uma simples interação em uma conexão profunda. Evitar estereótipos culturais e suposições é igualmente vital. Essas visões simplificadas frequentemente obscurecem a profundidade e diversidade presentes em cada cultura, levando a desentendimentos e oportunidades perdidas para o entendimento mútuo. Quando abordamos cada interação com uma mente aberta e disposição para aprender, promovemos ambientes onde perspectivas diversas são valorizadas e celebradas.

Adotar práticas culturalmente sensíveis envolve mais do que apenas conscientização; requer um esforço deliberado para incorporar perspectivas culturais nos processos de tomada de decisão. Isso significa buscar ativamente e considerar pontos de vista que possam ser diferentes dos seus, garantindo que as decisões sejam informadas por uma compreensão holística do contexto cultural. Engajar-se em escuta ativa e empatia é crucial nesse processo. Ao ouvir de verdade, permitimos que vejamos o mundo pelos olhos do outro, reconhecendo suas experiências e emoções sem julgamentos. A empatia estabelece uma ponte entre nossa perspectiva e a dos outros, promovendo uma conexão e compreensão mais profundas que transcendem as barreiras culturais.

Em ambientes profissionais, navegar pelas diferenças globais exige adaptabilidade e nuance. Estilos de liderança muitas vezes precisam ser ajustados para acomodar equipes diversas, reconhecendo que o motivador de um grupo pode não ressoar com outro. Essa flexibilidade não é um compromisso, mas uma melhoria, permitindo que os líderes aproveitem as forças dos membros da equipe e criem um ambiente inclusivo. Gerenciar a resolução de conflitos interculturais é outro aspecto crítico. Conflitos podem surgir de mal-entendidos ou expectativas diferentes e resolvê-los exige uma abordagem sensível que respeite todas as partes envolvidas. Ao facilitar o diálogo aberto e buscar um terreno comum, é possível transformar o potencial desacordo em oportunidades para colaboração e crescimento.

Promover a inclusão global é um compromisso contínuo que vai além dos limites de qualquer organização. Defender padrões internacionais de inclusão garante que a diversidade não seja apenas reconhecida, mas ativamente abraçada em todos os níveis. Participar de fóruns e eventos de inclusão global oferece uma plataforma para compartilhar boas práticas, aprender com os outros e construir redes que transcendem fronteiras. Esses encontros são um terreno fértil para a inovação, onde novas ideias e abordagens podem ser trocadas e aprimoradas. Ao se engajar nesses esforços, você contribui para um movimento mais amplo em direção a um mundo onde a inclusão seja a norma, não a exceção.

Ao concluirmos este capítulo, considere como a sensibilidade cultural e a inclusão global podem enriquecer os âmbitos pessoal e profissional, preparando o terreno para a próxima exploração sobre melhoria contínua e sucesso ao longo da vida.

Livro 4: O Livro da Melhoria Contínua e Sucesso ao Longo da Vida

Imagine um mundo onde a definição de "normal" é tão diversa quanto as pessoas que o habitam, onde suas formas únicas de pensar e ser são celebradas como a norma, e não a exceção. Como adultos autistas e indivíduos neurodivergentes, muitas vezes nos vemos em desacordo com as expectativas sociais que insistem na conformidade e na homogeneidade. Essas expectativas podem se manifestar de diversas maneiras — os caminhos profissionais prescritos que somos incentivados a seguir, os comportamentos sociais que se espera que imitemos ou as escolhas de estilo de vida aceitáveis. Com muita frequência, essas normas sociais servem como grilhões invisíveis, limitando nosso eu autêntico e abafando nosso potencial. Chegou a hora de desafiar essas normas tradicionais e redefinir o "normal" em nossos próprios termos, adotando uma mentalidade que prioriza a realização pessoal em vez da aprovação social.

Considere a suposição social de que o sucesso está relacionado a subir na hierarquia de uma empresa ou alcançar marcos específicos de produtos. Esses significados limitados de sucesso podem ser especialmente restritivos para pessoas que veem o mundo sob uma perspectiva diferente, que valoriza a profundidade e a autenticidade em vez do sucesso superficial. Aceitar uma mudança de pensamento em direção à gratificação pessoal implica rejeitar essas narrativas pré-fabricadas e criar um caminho que esteja alinhado com seus valores e paixões.

Isso exige reflexão e coragem. Livre de julgamentos externos, explore as paixões e entusiasmos que aquecem sua alma. Reserve um tempo para anotar seus pensamentos, avaliando o que lhe traz prazer e satisfação. Perguntas como: "quais atividades fazem com que eu perca a noção do tempo?" ou "quando me sinto mais vivo?" podem servir como um guia, conduzindo você a uma vida que ressoe com seu eu autêntico.

A credibilidade frequentemente exige vulnerabilidade, uma capacidade de compartilhar seu eu autêntico com o mundo, apesar dos riscos de julgamento ou equívocos. Admitir vulnerabilidade pode ser um poderoso catalisador para conexões mais profundas e autoaceitação, permitindo que você deixe de lado a fachada da conformidade e abrace a liberdade de ser incondicionalmente você. Compartilhe suas histórias com amigos confiáveis, que possam oferecer apoio e compreensão sem julgamento.

Essas histórias validam suas experiências, cultivam afeição e confiança, e fortalecem os laços que nos conectam enquanto seres humanos. Participe de atividades que estejam alinhadas com seus valores pessoais, seja voluntariando-se para uma causa pela qual você tenha paixão ou buscando um *hobby* que o preencha. Essas atividades fortalecem seu compromisso com a autenticidade, permitindo que você viva em harmonia com sua verdade interior. Viver de maneira autêntica é realizar um processo contínuo de autodescoberta e crescimento que se desenvolve à medida que você cresce.

Estabelecer uma estratégia de credibilidade pessoal pode fornecer um plano estruturado para essa jornada contínua, oferecendo clareza e orientação. Comece definindo metas para suas atividades diárias, alinhando-as com seus valores e objetivos centrais. Crie um quadro de sonhos — uma representação visual motivadora de suas metas e desejos — para simbolizar seu compromisso com a autenticidade. Avalie e ajuste consistentemente sua estratégia, permitindo flexibilidade, adaptação, novos entendimentos e experiências que moldam sua sabedoria.

Essa estratégia não é um plano rígido, mas um documento vivo que evolui com você, refletindo sua jornada contínua em direção à autodescoberta e à autenticidade.

4.1 Elemento Interativo: Crie o Seu Quadro dos Sonhos

Reúna produtos como publicações, imagens ou fotos on-line que estejam alinhados com sua visão de credibilidade. Monte uma coleção que represente seus valores, interesses e ambições. Coloque seu Quadro dos Sonhos em um local visível e revise-o com frequência para avaliar seu progresso e ajustar seus objetivos quando necessário.

Eu tenho meu Quadro dos Sonhos no meu quarto e uma cópia, sempre colorida, no meu escritório. Minha recomendação é olhar para ele pelo menos duas vezes ao dia:

quando acordar e antes de dormir. Com os olhos fixos nele, crie sua afirmação "EU SOU", "EU TENHO" e "EU POSSO" e repita-a enquanto visualiza seu Quadro dos Sonhos. Vou compartilhar minha afirmação como exemplo; sinta-se à vontade para criar a sua própria usando a minha como referência. Toda vez que olho para o meu Quadro dos Sonhos, digo para mim mesmo: "eu sou filho de Deus, eu tenho habilidades especiais e únicas, e eu posso me amar como amo meu próximo".

Mantenha seu quadro sempre atualizado, adicionando novos sonhos e removendo, com celebração, aqueles que você conquistou. Por exemplo, este livro que você está lendo agora estava na minha visão de Quadro dos Sonhos.

Nesta técnica de viver, lembre-se de que o objetivo não é alcançar um estado fixo de ser, mas abraçar um processo vibrante e contínuo de autodescoberta. À medida que você desafia as normas sociais e redefine o que é "normal" de acordo com seus próprios termos, você abre a porta para uma vida que é exclusivamente sua, repleta de oportunidades e satisfação. Deixe sua credibilidade ser um guia que o orienta pelas complexidades da vida, iluminando o caminho para um futuro onde o seu verdadeiro eu pode florescer.

4.2 Definindo Metas para o Sucesso ao Longo da Vida: Um Roteiro para o Crescimento

A vida sem objetivos é como viajar sem destino — à deriva, sujeita a qualquer evento inesperado e vulnerável às tempestades. Os objetivos fornecem a estrutura, a motivação e a direção necessárias para navegar pelas complexidades da vida, especialmente para aqueles que prosperam com clareza e propósito. Eles funcionam como faróis, guiando-nos através da névoa da imprevisibilidade e iluminando o caminho para o sucesso pessoal e profissional. Ao estabelecer metas claras e alcançáveis, você cria um manual que facilita a tomada de decisões e motiva a superar obstáculos, canalizando sua energia para o sucesso duradouro.

É crucial comparar metas temporárias e de longo prazo; as primeiras fornecem alvos imediatos para manter você envolvido e inspirado, enquanto as últimas formam sua visão geral e estão especialmente alinhadas com seus valores e desejos. Juntas, elas criam uma estrutura natural que sustenta o desenvolvimento constante e a satisfação.

O modelo SMART — uma sigla para Específico, Mensurável, Alcançável, Relevante e com Prazo Determinado, em inglês — é uma ferramenta eficaz para criar objetivos alcançáveis e impactantes. Essa técnica transforma ambições vagas em estratégias concretas, dando-lhes clareza e foco.

Considere a diferença entre um objetivo genérico como "ficar em forma" e um objetivo SMART, como "perder 4,5 kg em 3 meses, fazendo exercícios três vezes por semana e seguindo uma dieta equilibrada". O segundo não é apenas específico e mensurável, mas também tem um prazo, tornando-o mais alcançável e mais fácil de acompanhar. Para aplicar esse modelo aos seus desejos pessoais e profissionais, envolva-se em atividades que o desafiem a definir seus objetivos com precisão. Avalie o que realmente importa para você e expresse suas metas de forma que se alinhem com seus pontos fortes e condições.

Acompanhar o progresso em direção aos seus objetivos é essencial para o sucesso, garantindo que você se mantenha responsável e inspirado. Ferramentas digitais como *Trello* ou *Notion* podem ser grandes aliadas nesse processo, oferecendo sistemas fáceis de usar para o monitoramento de metas. Essas ferramentas permitem que você organize seus objetivos, divida-os em tarefas práticas e acompanhe seu progresso ao longo do tempo.

Estabelecer dias de revisão periódica também é fundamental. Esses dias permitem que você avalie seu progresso, celebre conquistas e ajuste sua estratégia, se necessário. Esse processo passo a passo promove flexibilidade, garantindo que seus objetivos permaneçam relevantes e alinhados com suas condições em constante evolução.

Apesar das melhores intenções, o processo de definir metas geralmente é repleto de obstáculos, desde a preguiça até ajustes inesperados na vida que exigem uma mudança de prioridades. A preguiça, que rouba silenciosamente o tempo e a produtividade, pode ser combatida ao dividir os objetivos em tarefas menores e mais acessíveis, reduzindo a sobrecarga que muitas vezes leva à procrastinação. Criar uma rotina que inclua verificações regulares de progresso pode ajudar a manter o foco e a energia.

No entanto, a vida é imprevisível, e situações podem surgir que exijam ajustes em seus objetivos. Em vez de ver essas mudanças como obstáculos, encare-as como oportunidades para aprimorar suas metas e garantir que elas continuem a atender aos seus melhores interesses. Aceite a flexibilidade, entendendo que a capacidade de se adaptar é uma força que fortalece sua resiliência e potencial de crescimento.

Participar dessas abordagens aprimora a capacidade de estabelecer e alcançar objetivos significativos, incentivando a vivência de uma vida plena de propósito e satisfação.

À medida que você explora os detalhes do processo de definição de metas, lembre-se de que a jornada é tão importante quanto o destino, oferecendo inúmeras possibilidades para aprendizado, crescimento e autodescoberta.

4.3 Aproveitando a Criatividade e Inovação: Liberte seu Potencial

O pensamento criativo é a pedra fundamental do desenvolvimento, um componente crucial que impulsiona o crescimento pessoal e profissional. O estímulo à criatividade desperta a inovação, levando-nos a desafiar o convencional e visualizar oportunidades além do tradicional.

Em um mundo que, muitas vezes, valoriza a uniformidade, abraçar o raciocínio criativo é um ato revolucionário que incentiva a exploração de novas ideias e perspectivas. Métodos como a realização de sessões de *brainstorming* funcionam como poderosos impulsionadores da criatividade, criando um espaço fluido onde as ideias podem surgir e se desenvolver, independentemente de quão não tradicionais sejam.

Incentivar diferentes pontos de vista é igualmente essencial. Ao abraçar contribuições de pessoas com experiências e perspectivas variadas, você pode cultivar um ambiente onde a criatividade floresce. Essa diversidade de ideias enriquece o processo criativo e resulta em soluções mais inovadoras e eficazes, abrindo novas possibilidades para o sucesso.

Assim como o pensamento criativo, o avanço é uma força dinâmica que impulsiona o desenvolvimento e abre portas para novas possibilidades. Ele é o motor que impulsiona os mercados para frente, transformando desafios em conquistas. Considere o setor de tecnologia, no qual empresas como SAP e Microsoft criaram estratégias de recursos humanos para incluir habilidades neurodiversas, aumentando a produtividade e a inovação, como observado na *Harvard Business Review*. Esses estudos mostram como abraçar a inovação pode resultar em avanços pioneiros e vantagem competitiva no mercado.

Métodos inovadores de resolução de problemas, como o *design thinking*, oferecem abordagens estruturadas para enfrentar obstáculos complexos, permitindo que você enfrente os problemas com criatividade aliada ao raciocínio estratégico. Ao ver as barreiras como oportunidades para o avanço, você promove uma mentalidade que acolhe a mudança e a utiliza para o crescimento e a melhoria.

Para apoiar a criatividade, é fundamental criar um ambiente físico e psicológico que a influencie e promova. Criar um ambiente de trabalho que favoreça o pensamento criativo envolve mais do que aparência; é necessário um clima que incentive a exploração e o processo de tentativa e erro.

Considere a luz natural, formatos abertos e arranjos de assentos flexíveis que promovam conforto e adaptabilidade. Incluir pausas recreativas na sua rotina é tão importante quanto, pois elas fornecem o espaço mental necessário para que as ideias se formem e prosperem. Atividades como caminhar, refletir ou praticar um *hobby* podem estimular a criatividade, permitindo que sua mente se desvie e descubra novas oportunidades. Esse equilíbrio entre tarefas estruturadas e momentos de lazer cultiva um ambiente inovador onde a tecnologia pode florescer.

Na era digital, a tecnologia desempenha um papel fundamental no estímulo à criatividade, oferecendo ferramentas e sistemas que capacitam você a transformar suas ideias em realidade.

Ferramentas de mapeamento digital e design, como *Adobe Creative Suite* ou *Procreate*, fornecem telas funcionais para imaginar ideias e explorar novos estilos. Esses recursos permitem que você experimente ideias criativas sem as limitações das ferramentas tradicionais, oferecendo maior flexibilidade e inovação. Aplicativos de produtividade, como o *Obsidian*, frequentemente chamado de "cérebro secundário", fornecem uma plataforma dinâmica para organizar ideias, gerenciar tarefas e registrar inspirações.

Esses recursos tecnológicos podem aprimorar processos, melhorar a colaboração e potencializar sua capacidade criativa. Abraçar a inovação não só amplia sua capacidade de criar, mas também oferece as ferramentas necessárias para navegar nas complexidades da vida moderna com criatividade e confiança.

4.4 Ferramentas Práticas para o Desenvolvimento Pessoal e Profissional

Reconhecer áreas para o desenvolvimento pessoal e profissional começa com um olhar atento para a introspecção. Exige coragem para realizar autoavaliações que revelem lacunas de habilidades e áreas prontas para melhorias. Esse processo é semelhante a afinar um instrumento, em que cada ajuste traz mais harmonia e clareza para as próprias capacidades. A autoavaliação pode ser facilitada por meio de exercícios introspectivos ou ferramentas estruturadas que destacam os pontos fortes, enquanto também identificam áreas para crescimento. Buscar *feedback* de mentores e colegas oferece uma perspectiva externa que é inestimável nesse esforço. Essas pessoas, que compreendem seus objetivos e desafios, oferecem *insights* que podem iluminar pontos cegos, fornecendo críticas construtivas que o impulsionam para frente. Engajar-se em um diálogo aberto com aqueles que apoiam suas aspirações cria um ciclo de *feedback* o qual nutre o desenvolvimento, garantindo que o crescimento seja tanto intencional quanto informado.

A era digital trouxe uma infinidade de oportunidades para o aprendizado contínuo, tornando a educação mais acessível do que nunca. Plataformas de ensino on-line, como *Coursera*, *Udemy* e *LinkedIn Learning*, oferecem uma abundância de cursos em diversas áreas, adaptados a diferentes estilos de aprendizado e objetivos. Essas plataformas oferecem flexibilidade para aprender no seu próprio ritmo, acomodando os horários e preferências únicos de indivíduos neurodivergentes. Ao escolher cursos, considere seus objetivos de longo prazo e as habilidades que deseja adquirir ou aprimorar. Avalie o conteúdo do curso, as credenciais do instrutor e as avaliações para garantir que estejam alinhados com seus objetivos. A capacidade de criar um currículo personalizado permite que você trace um caminho tão único quanto suas aspirações, promovendo um senso de autonomia e empolgação na busca pelo conhecimento.

Integrar o aprendizado na vida diária exige uma abordagem deliberada que equilibre as demandas com o desejo de crescimento. Agendar "horas de aprendizado" regulares a cada semana cria uma rotina estruturada que prioriza a educação, transformando-a de uma atividade esporádica em uma prática constante. Considere dedicar horários específicos a cada dia ou semana para se envolver com conteúdos educacionais, seja por meio de leitura, cursos on-line ou *workshops* interativos. Para aqueles com agendas apertadas, podcasts e audiolivros são excelentes meios de aprendizado em movimento, permitindo que você absorva novas informações durante os trajetos ou tarefas diárias. Esses recursos, que abordam uma ampla gama de tópicos, oferecem flexibilidade para aprender enquanto realiza atividades cotidianas, integrando a educação de forma natural ao seu estilo de vida. Essa abordagem multifacetada ao aprendizado garante que o desenvolvimento pessoal e profissional permaneça em destaque, sendo uma linha constante que se entrelaça no tecido da sua rotina diária.

Avaliar o progresso é um componente crítico do desenvolvimento pessoal e profissional, pois garante que os esforços de aprendizado resultem em resultados significativos. Estabelecer marcos para a aquisição de habilidades proporciona metas tangíveis a serem alcançadas, oferecendo uma medida precisa de sucesso. Esses marcos, seja no domínio de uma nova tecnologia, no aprimoramento das habilidades de comunicação ou na obtenção de uma certificação profissional, servem como pontos de referência que marcam o progresso e motivam o esforço contínuo. Avalie regularmente seu avanço em relação a esses marcos, celebrando as conquistas e identificando áreas que precisam de mais aprimoramento. Ajustar os planos de aprendizado com base no progresso e no *feedback* é um processo interativo, que exige flexibilidade e abertura para mudanças. Essa adaptabilidade, em resposta tanto aos sucessos quanto aos contratempos, garante que sua jornada de desenvolvimento permaneça dinâmica e responsiva aos seus objetivos e circunstâncias em evolução, permitindo que você prospere tanto no âmbito pessoal quanto profissional.

4.5 Liderando a Mudança: Inspirando os Outros com Sua Perspectiva Única

A verdadeira liderança, especialmente para nós que nos identificamos como adultos autistas ou neurodivergentes, é sobre ter a coragem de assumir o papel de líder da mudança. Isso envolve compreender que liderar a mudança não significa usar o poder mas, sim, inspirar os outros por meio de credibilidade e visão. Líderes eficazes de mudança personificam características que falam profundamente com aqueles que lideram; são compassivos, resilientes e dedicados a criar ambientes onde todos se sintam valorizados.

Eles lideram não pela imposição, mas pelo exemplo, inspirando suas equipes e comunidades com uma verdadeira paixão pelo crescimento e pela inclusão. A liderança genuína cria ondas de impacto positivo, motivando aqueles ao nosso redor a abraçar sua perspectiva única e a contribuir de forma significativa. Essa abordagem empodera as pessoas e cultiva uma cultura de confiança e colaboração, essencial para promover mudanças duradouras.

Conectar visão e função é a essência da liderança, uma habilidade essencial que pode galvanizar equipes e comunidades em direção a um objetivo comum.

Uma história envolvente é uma ferramenta poderosa nesse processo, entrelaçando as vertentes de propósito e direção de forma que ressoe com diferentes públicos. Criar essas histórias vai além de palavras; exige uma compreensão dos valores e objetivos de quem você deseja inspirar. A narrativa é uma ferramenta significativa aqui, pois se conecta em um nível emocional, superando obstáculos e promovendo um senso de jornada e propósito comuns. Ao compartilhar histórias e experiências pessoais, você pode demonstrar o impacto da mudança de uma forma acessível, despertando entusiasmo e comprometimento nas pessoas que você lidera. Esse toque humaniza a visão, tornando-a uma possibilidade concreta e alcançável para todos.

Criar uma sociedade preparada para a mudança é essencial para qualquer comunidade ou organização que busque se ajustar e prosperar em um mundo em constante transformação. Isso envolve promover um ambiente onde a mente aberta e a flexibilidade não são apenas incentivadas, mas celebradas. Incentivar os colaboradores a expressarem suas ideias e pontos de vista, por mais não convencionais que sejam, fomenta uma cultura de inovação e inclusão.

Comemorar pequenas vitórias ao longo do caminho para objetivos maiores pode criar um impulso e manter o espírito elevado, reforçando a ideia de que o progresso é possível e alcançável. Reconhecer os esforços e contribuições de todos os níveis não só motiva, mas também desenvolve um senso de pertencimento e investimento no processo de mudança. Ao apoiar a flexibilidade e celebrar as conquistas, você estabelece as bases para uma cultura que vê a mudança como uma oportunidade para crescimento e evolução.

Empoderar os outros a liderar é um dos atos mais impactantes de liderança. Isso envolve reconhecer o potencial nos outros e proporcionar-lhes as ferramentas e oportunidades para assumirem papéis de liderança por si mesmos. Mentorar e orientar líderes emergentes é um componente crucial desse empoderamento, oferecendo orientação e apoio enquanto eles navegam em suas jornadas de liderança. Ao compartilhar suas experiências e percepções, você pode ajudá-los a desenvolver as habilidades e a confiança necessárias para liderar de maneira eficaz. Criar oportunidades para os membros da equipe liderarem projetos ou iniciativas não só desenvolve suas capacidades de liderança, mas também fomenta um senso de propriedade e responsabilidade. Esse empoderamento vai além do crescimento individual; ele fortalece o tecido coletivo da organização ou comunidade, garantindo um legado de liderança que seja diversificado, dinâmico e resiliente.

Nesta exploração de liderança e mudança, o foco permanece no poder transformador da autenticidade, visão e empoderamento. À medida que você lidera a mudança em sua comunidade ou organização, lembre-se de que sua perspectiva única é um recurso valioso, capaz de inspirar os outros e provocar uma transformação significativa. Ao abraçar o papel de líder da mudança, você não apenas contribui para a evolução de seu ambiente, mas também abre caminho para que outros façam o mesmo, criando um efeito cascata de mudanças positivas que se estendem muito além de sua esfera imediata.

4.6 Construindo uma Rede de Apoio: Comunidade e Conexão

Na complexa tapeçaria da vida pessoal e profissional, as redes funcionam como os fios que nos conectam e sustentam, oferecendo os recursos e o apoio essenciais para o crescimento e o sucesso. Essas redes atuam como um ecossistema dinâmico, oferecendo uma rica variedade de oportunidades e percepções que podem impulsioná-lo em ambas as esferas, pessoal e profissional. O valor de uma rede de apoio não pode ser subestimado; ela fornece não apenas recursos práticos, mas também sustentação emocional, aprimorando a resiliência e a adaptabilidade. É crucial diferenciar entre redes pessoais e profissionais, pois cada uma desempenha papéis distintos, mas complementares. As redes pessoais são aqueles círculos íntimos de amigos e familiares que oferecem apoio incondicional e compreensão, enquanto as redes profissionais são compostas por colegas, mentores e pares da indústria, que fornecem orientação, oportunidades e colaboração. Juntas, essas redes formam uma estrutura robusta que sustenta a realização pessoal e o sucesso profissional, permitindo que você navegue pelas complexidades da vida com confiança e equilíbrio.

Cultivar conexões significativas dentro dessas redes exige intencionalidade e empatia, promovendo relacionamentos que sejam genuínos e sustentadores. A prática da escuta ativa é uma habilidade fundamental nesse processo, pois demonstra respeito e atenção, permitindo entender as perspectivas e necessidades dos outros. Ao praticar empatia, você cria um ambiente de confiança e entendimento mútuo, onde as conexões são aprofundadas e a colaboração é estimulada. Identificar interesses e objetivos comuns é outra estratégia chave, pois oferece uma base compartilhada sobre a qual os relacionamentos podem ser construídos e sustentados. Seja por meio de objetivos profissionais em comum, *hobbies* compartilhados ou valores alinhados, esses interesses comuns funcionam como o elo que une as conexões, promovendo um senso de pertencimento e camaradagem. Ao investir tempo e esforço no cultivo desses relacionamentos, você não só enriquece sua rede, mas também contribui para uma cultura de apoio e colaboração que beneficia a todos os envolvidos.

Manter e expandir redes é um processo dinâmico que exige engajamento regular e comunicação proativa. Técnicas de verificação e atualizações periódicas são essenciais nesse sentido, garantindo que os relacionamentos permaneçam vibrantes e recíprocos. Gestos simples, como enviar uma mensagem de agradecimento ou compartilhar recursos relevantes, podem fortalecer os laços e reforçar as conexões. Plataformas de mídia social, como o *LinkedIn*, oferecem ferramentas poderosas para *networking* profissional, proporcionando oportunidades para se conectar com líderes da indústria, participar de discussões e manter-se informado sobre tendências e inovações. Ao aproveitar essas plataformas, você pode expandir sua rede além dos limites geográficos, acessando uma comunidade global de profissionais que compartilham seus interesses e aspirações. Essa abordagem proativa ao *networking* não só sustenta conexões existentes, mas também abre portas para novas oportunidades e colaborações, enriquecendo tanto os cenários pessoais quanto profissionais.

Aproveitar redes para oportunidades pessoais e profissionais envolve tirar proveito do vasto conhecimento e experiência que residem em suas conexões. Buscar mentoria e conselhos com membros da rede é uma prática particularmente valiosa, pois fornece *insights* e orientações que podem nortear suas decisões e estratégias. Mentores, com sua vasta experiência e perspectiva, oferecem suporte inestimável, ajudando a navegar por desafios e aproveitar oportunidades. Colaborar em projetos e iniciativas com membros da rede é outra maneira poderosa de aproveitar suas conexões, pois fomenta inovação, criatividade e sucesso compartilhado. Esses esforços colaborativos não apenas aprimoram seu portfólio profissional, mas também fortalecem seus relacionamentos, reforçando os laços de confiança e cooperação. Ao se engajar ativamente com suas redes, você cria um ambiente dinâmico e de apoio que facilita o crescimento, aprendizado e realização, capacitando você a alcançar novos patamares em empreendimentos pessoais e profissionais.

4.7 Abraçando a Mudança: A Adaptabilidade como uma Força

No campo do crescimento pessoal e profissional, a adaptabilidade destaca-se como um pilar da resiliência, permitindo que os indivíduos naveguem pelo cenário em constante evolução dos desafios da vida. A capacidade de adaptação é como possuir uma bússola bem ajustada, guiando-o pelos mares turbulentos da mudança com confiança e equilíbrio. A interconexão entre adaptabilidade e resiliência é profunda, pois cada uma apoia e aprimora a outra, criando uma sinergia dinâmica que promove força e estabilidade. Considere as diversas indústrias que foram transformadas pela mudança — tecnologia, saúde e educação, para citar algumas. Esses setores prosperaram ao abraçar a inovação e a adaptabilidade, demonstrando que a flexibilidade não é apenas uma estratégia de sobrevivência, mas um catalisador para transformação e sucesso.

Cultivar uma mentalidade de adaptabilidade exige um esforço consciente para manter-se aberto e receptivo a novas ideias, emoções e ações. Isso envolve praticar flexibilidade em situações cotidianas, seja alterando sua rotina diária ou abordando problemas com uma nova perspectiva. Ao encarar desafios como oportunidades de crescimento, você muda sua mentalidade de resistência para uma de curiosidade e exploração. Essa mudança convida você a abraçar o desconhecido com um senso de admiração, transformando obstáculos em degraus que o impulsionam para frente. Cultivar essa mentalidade é uma prática contínua, que exige paciência e perseverança, mas que traz recompensas imensuráveis na forma de crescimento pessoal e profissional.

Implementar mudanças de forma eficaz, tanto no contexto pessoal quanto no profissional, exige uma abordagem estratégica que equilibre planejamento e execução. Isso começa com uma visão clara do resultado desejado, seguida de um plano detalhado que descreve as etapas necessárias para alcançá-lo. Considere a importância de gerenciar a resistência e conquistar o apoio dos outros, já que a mudança frequentemente desperta medo e incertezas. Ao envolver as partes interessadas no processo de mudança, você promove um senso de responsabilidade e colaboração, garantindo que todas as vozes sejam ouvidas e valorizadas. Essa abordagem colaborativa não só diminui a resistência, mas também aumenta as chances de sucesso, ao aproveitar a sabedoria e os *insights* coletivos dos envolvidos.

Refletir sobre os resultados das mudanças é uma prática inestimável que permite extrair *insights* e lições de suas experiências. Realizar avaliações pós-mudança oferece a oportunidade de avaliar o impacto da mudança, identificando as áreas de sucesso e aquelas que precisam de melhorias. Esse processo reflexivo convida você a celebrar as conquistas, ao mesmo tempo em que reconhece os obstáculos, transformando-os em valiosas experiências de aprendizado. Ao identificar as lições aprendidas, você se equipa com o conhecimento e os *insights* necessários para lidar com mudanças futuras com mais confiança e eficácia.

Buscar conselhos e mentoria é uma estratégia poderosa para promover o crescimento e o desenvolvimento, pois conecta você com pessoas que podem oferecer orientação, apoio e incentivo. Interagir com pessoas bem-sucedidas que enfrentaram desafios semelhantes oferece um vasto conhecimento e inspiração, fornecendo um caminho para sua própria jornada. Participar de programas de mentoria empresarial aprimora ainda mais esse processo, proporcionando oportunidades estruturadas para aprendizado e crescimento. Esses programas não apenas conectam você com mentores experientes, mas também criam uma comunidade de apoio entre colegas que compartilham suas aspirações e desafios. Ao buscar ativamente conselhos e mentoria, você se capacita com as ferramentas e os *insights* necessários para abraçar a mudança com confiança e resiliência, garantindo que se mantenha adaptável e pronto para o sucesso em empreitadas pessoais e profissionais.

4.8 Economizar e Investir: Estratégias para Segurança a Longo Prazo

A educação financeira é um alicerce para uma vida bem vivida, especialmente para aqueles que buscam independência e empoderamento. Engajar-se em um aprendizado contínuo sobre finanças pode ser transformador, oferecendo o conhecimento e as habilidades necessárias para navegar pelas complexidades dos cenários financeiros pessoais e profissionais. Considere participar de cursos de educação financeira, que fornecem uma visão estruturada sobre orçamento, investimentos e planejamento financeiro. Livros sobre finanças pessoais também podem ser recursos valiosos, oferecendo perspectivas e estratégias diversificadas adaptadas a diferentes objetivos financeiros. Plataformas on-line como *Coursera* ou *Khan Academy* oferecem cursos que descomplicam as intricadas questões financeiras, tornando-as acessíveis a pessoas de diversas origens e experiências. Ao se aprofundar nesses recursos, você pode construir uma base sólida de conhecimento financeiro, capacitando-se a tomar decisões informadas que estejam alinhadas aos seus objetivos, princípios e valores.

Automatizar as economias e os investimentos é uma ferramenta poderosa para garantir um crescimento financeiro consistente, reduzindo a tentação de gastar impulsivamente. Configurar transferências automáticas para uma conta de poupança pode transformar a economia de um esforço consciente para um processo sem esforço, permitindo que sua riqueza cresça naturalmente ao longo do tempo. Considere estabelecer um fundo de emergência como uma rede de segurança, proporcionando segurança financeira e tranquilidade em circunstâncias imprevistas. Esse fundo funciona como um amortecedor contra as incertezas da vida, garantindo que você esteja preparado para eventos inesperados sem comprometer seus objetivos financeiros a longo prazo. Além disso, automatizar as contribuições para contas de aposentadoria ou portfólios de investimentos pode fortalecer ainda mais a segurança econômica, permitindo que você se beneficie do poder dos juros compostos ao longo do tempo. Ao aproveitar a tecnologia para automatizar esses processos, você pode cultivar uma abordagem disciplinada para economizar e investir, garantindo progresso constante em direção às suas aspirações financeiras.

Estabelecer metas de poupança, tanto a curto quanto a longo prazo, é fundamental para alcançar estabilidade financeira e sucesso. As metas de curto prazo podem incluir economizar para uma viagem, um novo aparelho ou até mesmo para a educação. Essas metas oferecem objetivos imediatos para os quais você pode se esforçar, proporcionando motivação e satisfação à medida que são alcançadas. As metas de longo prazo, por outro lado, exigem uma abordagem mais estratégica, focando em marcos significativos, como a compra de um imóvel, a educação ou a aposentadoria. Ao definir metas claras e alcançáveis, você cria um roteiro para sua jornada financeira, oferecendo direção e propósito. Considere usar *frameworks* de definição de metas, como os critérios *SMART*, para definir seus objetivos com precisão. Essa abordagem garante que suas metas sejam específicas, mensuráveis, alcançáveis, relevantes e com prazo determinado, proporcionando clareza e foco no seu planejamento financeiro.

Entender o risco e a diversificação é crucial para uma gestão eficaz de investimentos, permitindo que você equilibre os retornos potenciais com os riscos associados. A gestão de riscos envolve avaliar o nível de risco com o qual você se sente confortável e ajustar sua estratégia de investimento de acordo. A diversificação, a prática de distribuir os investimentos entre várias classes de ativos, é uma estratégia chave para mitigar o risco, garantindo que seu portfólio permaneça resiliente em condições de mercado flutuantes. Ao equilibrar investimentos de alto e baixo risco, você pode alcançar uma combinação ideal que esteja alinhada com sua tolerância ao risco e seus objetivos financeiros. Explorar opções de investimento envolve entender os diferentes veículos disponíveis, desde ações e títulos até fundos mútuos e imóveis. Cada um oferece benefícios e riscos únicos, atendendo a diferentes apetites financeiros e objetivos. Ao se educar sobre essas opções, você pode tomar decisões informadas que maximizem os retornos enquanto minimizam a exposição a riscos desnecessários.

Com essas estratégias em sua caixa de ferramentas financeiras, você está mais preparado para enfrentar as complexidades de economizar e investir, garantindo segurança e crescimento a longo prazo. A jornada em direção à independência financeira não está isenta de desafios, mas é um caminho repleto de oportunidades para aprendizado e empoderamento. À medida que você se envolve com esses conceitos, lembre-se de que o objetivo não é alcançar riqueza por si só, mas cultivar uma base financeira que apoie suas aspirações e valores, permitindo que você viva uma vida com propósito e realização.

4.9 Liderando pelo Exemplo: Inspirando Mudanças em Sua Comunidade

Ser um modelo a ser seguido na comunidade autista exige autenticidade e transparência, qualidades que ressoam profundamente com aqueles que buscam orientação e inspiração. A autenticidade envolve ser fiel a si mesmo, abraçando tanto as forças quanto as vulnerabilidades e permitindo que os outros vejam a pessoa genuína por trás do papel. A transparência significa compartilhar tanto os sucessos quanto os desafios, oferecendo uma visão realista da jornada em direção ao autoconhecimento e ao empoderamento. O compromisso com o aprendizado e crescimento contínuos também é essencial, pois demonstra a disposição para evoluir e adaptar-se, qualidades que inspiram outros a seguir seus próprios caminhos de desenvolvimento. Como modelo a ser seguido, suas ações falam mais alto do que palavras, e os valores que você incorpora podem ter um impacto profundo naqueles que o admiram.

Narrativas pessoais têm um poder imenso de inspirar os outros, oferecendo uma janela para as experiências vividas que moldam quem somos. Ao compartilhar sua história em eventos comunitários, você pode oferecer *insights* e inspiração a outros que podem estar enfrentando desafios semelhantes. Essas histórias, seja por meio de palestras públicas ou artigos e blogs escritos, servem como faróis de esperança e incentivo, ilustrando a resiliência e a determinação que definem a experiência autista. Elas também desafiam equívocos e estereótipos, promovendo uma maior compreensão e aceitação dentro da comunidade em geral. Escrever sobre suas experiências permite que você se conecte com um público mais amplo, proporcionando uma plataforma para o diálogo e a troca que pode enriquecer tanto o contador de histórias quanto o ouvinte.

Empoderar os outros a assumir papéis de liderança é um ato transformador que amplifica seu impacto e promove uma cultura de inclusão e colaboração. Programas de mentoria são uma ferramenta poderosa nesse sentido, oferecendo orientação e apoio aos líderes emergentes enquanto desenvolvem suas habilidades e confiança. Ao atuar como mentor, você pode compartilhar seus conhecimentos e experiências, ajudando os outros a enfrentarem os desafios e aproveitarem as oportunidades da liderança. Oferecer suporte e recursos para novas iniciativas também incentiva os outros a assumirem papéis de liderança, promovendo inovação e crescimento dentro da comunidade. Esse empoderamento não se trata apenas de passar a tocha, mas também de criar um legado de liderança que seja diverso e dinâmico, garantindo que a comunidade continue a prosperar e evoluir.

Manter o impulso nas iniciativas comunitárias requer tanto entusiasmo quanto planejamento estratégico, garantindo que os esforços permaneçam vibrantes e impactantes. Celebrar pequenas vitórias e marcos é um aspecto crucial desse processo, pois reforça o valor do progresso e mantém a motivação alta. Reconhecer as conquistas, por menores que sejam, fomenta um senso de realização e incentiva o esforço contínuo. A inovação constante e a adaptação das estratégias também são essenciais, pois garantem que as iniciativas permaneçam sensíveis às necessidades e circunstâncias em mudança. Ao abraçar a flexibilidade e a criatividade, você pode desenvolver abordagens que sejam eficazes e sustentáveis, garantindo que os esforços comunitários tenham um impacto duradouro.

O papel de um líder na comunidade autista é multifacetado, englobando autenticidade, inspiração, empoderamento e sustentabilidade. Ao liderar pelo exemplo, você pode inspirar mudanças e promover uma cultura de inclusão e crescimento, criando uma comunidade onde todos são valorizados e capacitados a alcançar seu pleno potencial. Essa abordagem não só beneficia os indivíduos, mas também fortalece a comunidade como um todo, criando um efeito cascata de mudanças positivas que se estende muito além de seus limites imediatos. As qualidades e ações que você incorpora como líder podem inspirar outros a se destacarem, criando uma comunidade dinâmica e resiliente que floresce na diversidade e na colaboração. Por meio de sua liderança, você tem o poder de moldar o futuro, abrindo o caminho para uma sociedade mais inclusiva e compreensiva.

4.10 Esforços Colaborativos: Força na União

Quando você pensa em colaboração, imagine uma tapeçaria tecida com fios de habilidades e perspectivas diversas, cada um contribuindo com sua cor única para a obra-prima coletiva. Identificar potenciais colaboradores começa ao se conectar com indivíduos e organizações cujas missões ressoam com a sua. Organizações locais sem fins lucrativos podem ser parceiras valiosas, oferecendo redes estabelecidas e percepções comunitárias que amplificam seu impacto. Engaje-se com líderes comunitários que compartilham sua paixão por advocacia e mudança; juntos, vocês podem formar alianças que transcendem as capacidades individuais. Essas parcerias frequentemente começam com uma simples conversa, um encontro de ideias que desperta o potencial para empreendimentos conjuntos. Compartilhe sua visão, ouça a deles e explore as sinergias que surgem naturalmente. Ao construir essas conexões, você estabelece as bases para esforços colaborativos que são tanto significativos quanto impactantes, aproveitando forças coletivas para alcançar objetivos compartilhados.

Criar projetos colaborativos envolve mais do que reunir recursos; trata-se de entrelaçar as forças e percepções de cada participante para criar algo maior do que a soma de suas partes. Eventos conjuntos e *workshops* sobre conscientização a respeito do autismo servem como plataformas para educação e engajamento, convidando diversas vozes a participar de um diálogo que desafia estereótipos e promove o entendimento. Considere programas de alcance comunitário que ofereçam recursos educacionais para escolas, locais de trabalho e fóruns públicos, promovendo um ambiente de inclusão e aceitação. Essas iniciativas exigem planejamento cuidadoso e execução, garantindo que as forças de cada colaborador sejam maximizadas e que o projeto esteja alinhado com a missão coletiva. Ao focar em valores e objetivos compartilhados, você pode criar projetos que não apenas aumentam a conscientização, mas também promovem mudanças tangíveis dentro da comunidade, cultivando uma cultura de colaboração e apoio mútuo.

A comunicação eficaz é a base de uma colaboração bem-sucedida, garantindo que todas as partes estejam alinhadas e informadas durante o processo completo. Comece estabelecendo claramente os papéis e responsabilidades, delineando as contribuições e expectativas de cada colaborador. Essa clareza evita mal-entendidos e assegura que todos trabalhem em direção aos mesmos objetivos. Atualizações e *check-ins* regulares também são fundamentais, proporcionando oportunidades para lidar com desafios, celebrar progressos e fazer ajustes necessários. Esses pontos de contato fomentam um senso de responsabilidade e transparência, reforçando a confiança essencial para uma colaboração bem-sucedida. Adote o diálogo aberto e incentive o *feedback*, criando um ambiente onde todas as vozes sejam ouvidas e valorizadas. Essa abordagem inclusiva não só melhora a comunicação, mas também fortalece o vínculo colaborativo, garantindo que o esforço permaneça coeso e focado.

Avaliar o sucesso das iniciativas colaborativas exige uma abordagem cuidadosa que leve em conta tanto medidas quantitativas quanto qualitativas. Analise o *feedback* dos participantes para obter percepções sobre o impacto do projeto, identificando áreas de sucesso e oportunidades de melhoria. Esse *feedback*, coletado por meio de pesquisas, entrevistas ou discussões informais, oferece uma perspectiva valiosa sobre a eficácia e relevância do projeto. Meça o engajamento comunitário avaliando os níveis de participação, a cobertura da mídia e a interação nas redes sociais, oferecendo uma medida tangível do alcance e influência da iniciativa. Ao refletir sobre esses resultados, você pode identificar as melhores práticas e lições aprendidas, orientar futuros esforços colaborativos e garantir melhorias contínuas. Esse processo de avaliação não só aumenta a eficácia de projetos individuais, mas também contribui para um entendimento mais amplo sobre o que torna a colaboração bem-sucedida, capacitando você a construir parcerias mais fortes e impactantes no futuro.

4.11 Promovendo a Conscientização e a Aceitação do Autismo

A advocacia atua como uma força transformadora, um catalisador para a conscientização e aceitação. Ela é o processo de defender uma causa, e para nós, dentro da comunidade autista, carrega a responsabilidade profunda de remodelar percepções e desmantelar estereótipos. Advocacia não é apenas sobre levantar a voz; trata-se de criar narrativas que ressoem, desafiem o status quo e ampliem o entendimento. Ao aumentar a conscientização, iluminamos as diversas experiências das pessoas autistas, destacando pontos fortes e potenciais, em vez de focar apenas nos desafios. Essa conscientização é fundamental para quebrar as barreiras de equívocos que por muito tempo limitaram nossa comunidade. Além disso, a advocacia estende-se à influência nas políticas e na percepção pública, buscando uma mudança social na qual a neurodiversidade seja abraçada e celebrada como parte integrante do tecido humano.

Desenvolver campanhas de advocacia eficazes requer uma abordagem estratégica, que começa com a criação de mensagens claras e impactantes. Essas mensagens devem ser concisas, mas poderosas, capazes de atrair atenção e inspirar ação. Trata-se de encontrar as palavras certas para transmitir a essência de nossas experiências e aspirações, transformando-as em narrativas que despertem empatia e compreensão. O uso de diversos canais de mídia amplifica essas mensagens, estendendo seu alcance muito além de círculos imediatos. Plataformas de redes sociais, blogs, podcasts e até meios de comunicação tradicionais oferecem diversas maneiras de alcance, cada uma com o potencial de engajar diferentes públicos. Ao aproveitar o poder desses canais, podemos criar um diálogo dinâmico que promova a conscientização e a aceitação em uma escala mais ampla, gerando conversas que levam a mudanças significativas.

O engajamento com formuladores de políticas e influenciadores é um aspecto crucial da advocacia, pois essas pessoas têm o poder de implementar políticas e moldar a opinião pública. Escrever cartas para representantes locais é uma maneira direta e impactante de expressar preocupações e propor mudanças, oferecendo uma perspectiva pessoal que pode influenciar a tomada de decisões. Participar ou organizar eventos de advocacia amplifica ainda mais esse engajamento, proporcionando plataformas para o debate e a colaboração. Esses eventos reúnem partes interessadas de diversos setores, criando oportunidades para compartilhar *insights*, construir alianças e defender políticas que apoiem a comunidade autista. Por meio desses esforços, podemos influenciar o cenário legislativo, garantindo que ele reflita as necessidades e os direitos das pessoas neurodivergentes.

O sucesso dos esforços de advocacia depende da capacidade de medir seu impacto, uma tarefa que requer abordagens tanto qualitativas quanto quantitativas. Coletar dados sobre mudanças na conscientização é um componente essencial, pois fornece evidências tangíveis de progresso e áreas para melhorias. Pesquisas e *feedbacks* de membros da comunidade e partes interessadas oferecem *insights* valiosos, capturando nuances de percepção e compreensão que podem não ser imediatamente visíveis. Esse *feedback* serve como um guia, orientando os esforços futuros de advocacia e garantindo que eles sejam sensíveis às necessidades em constante evolução da comunidade. Ao avaliar continuamente iniciativas de advocacia, podemos refinar nossas estratégias, adaptar-nos a contextos mutáveis e maximizar nosso impacto, promovendo, em última análise, uma sociedade mais inclusiva e acolhedora para todos os indivíduos.

4.12 O Futuro da Neurodiversidade: Abrindo Caminhos para as Novas Gerações

O conceito de neurodiversidade passou por uma evolução significativa, ganhando reconhecimento e aceitação como um aspecto essencial da variação humana. Essa mudança reflete uma compreensão crescente de que as diferenças neurológicas não são déficits, mas contribuições valiosas para a diversidade do pensamento e da experiência humana. Ao olharmos para o futuro, vemos tendências emergentes na advocacia da neurodiversidade, que enfatizam a inclusão, o empoderamento e a celebração das forças individuais. Essas tendências são impulsionadas por um compromisso coletivo de desmontar barreiras e promover ambientes onde indivíduos neurodivergentes possam prosperar. As implicações dessa evolução são profundas, oferecendo a promessa de uma sociedade onde a diversidade não seja apenas tolerada, mas abraçada como uma fonte de força e inovação.

Preparar a próxima geração para esse futuro requer equipá-la com as ferramentas e o conhecimento necessários para defender a si mesmos e aos outros. Os programas educacionais desempenham um papel fundamental nesse processo, proporcionando aos jovens uma compreensão da neurodiversidade e as habilidades para navegar em um mundo complexo. Esses programas incentivam a empatia, a inclusão e a autodefesa, estabelecendo a base para uma sociedade mais acolhedora. Iniciativas de liderança e empoderamento juvenil aprimoram ainda mais essa preparação, cultivando a confiança e as habilidades necessárias para liderar mudanças. Ao promover um senso de autonomia e responsabilidade, essas iniciativas capacitam os jovens a tornarem-se defensores e aliados, abrindo caminho para um futuro em que a neurodiversidade seja celebrada e apoiada.

Abordagens inovadoras para promover a inclusão estão surgindo em diversos setores, impulsionadas pelo reconhecimento do valor que indivíduos neurodivergentes agregam. Avanços tecnológicos estão desempenhando um papel crucial nessa mudança, oferecendo ferramentas e plataformas que apoiam a comunicação, colaboração e criatividade. Políticas inclusivas em ambientes de trabalho e instituições educacionais também estão ganhando força, refletindo um compromisso em criar ambientes onde todos possam ter sucesso. Essas políticas reconhecem as necessidades e forças únicas dos indivíduos neurodivergentes, proporcionando as acomodações e o suporte necessários para que alcancem seu pleno potencial. Ao adotar abordagens inovadoras, podemos criar um futuro em que a inclusão seja a norma, e não a exceção.

Imaginar um futuro neurodiverso envolve visualizar um mundo onde as diferenças não são apenas aceitas, mas celebradas como parte integral da experiência humana. Essa visão abrange possíveis mudanças sociais que promovem maior compreensão, colaboração e inovação. Ela reconhece os desafios contínuos que ainda existem, entendendo que a verdadeira inclusão requer esforço e adaptação constantes.

No entanto, também destaca as oportunidades de crescimento e progresso, oferecendo um roteiro para um futuro onde a neurodiversidade é abraçada como uma fonte de força e inspiração. À medida que trabalhamos em direção a essa visão, somos lembrados do poder da ação coletiva e do impacto que cada um de nós pode ter na construção de um mundo mais inclusivo e compreensivo.

A neurodiversidade, antes um conceito relegado às margens do discurso acadêmico, gradualmente surgiu como uma mudança paradigmática crucial na nossa compreensão da cognição humana. Essa evolução reflete uma transição societal mais ampla, que reconhece as diferenças neurológicas não como deficiências a serem corrigidas, mas como variações que enriquecem o tecido da experiência humana. As implicações são profundas, à medida que a sociedade começa a abraçar a neurodiversidade com um coração e mente abertos, reformulando percepções e desconstruindo estereótipos antigos. As tendências emergentes na advocacia da neurodiversidade estão cada vez mais focadas na inclusão e no empoderamento, defendendo ambientes onde perfis neurológicos diversos são celebrados por suas contribuições únicas. Esse movimento progressista, impulsionado por defensores e aliados apaixonados, busca garantir que os indivíduos neurodivergentes sejam vistos, ouvidos e valorizados em todas as esferas da vida, abrindo caminho para um futuro em que a diversidade de pensamento e percepção seja reconhecida como um pilar da inovação e do progresso.

Equipar as futuras gerações com ferramentas para a

defesa de direitos e a aceitação exige um esforço conjunto para integrar a neurodiversidade aos ambientes educacionais. As escolas, como espaços fundamentais para a formação das mentes jovens, têm o poder de moldar atitudes e promover a compreensão desde cedo. Programas acadêmicos que enfatizam a empatia, a inclusão e o valor das perspectivas diversas são essenciais para construir uma cultura de respeito e acolhimento. Ao incluir a neurodiversidade nos currículos, as escolas podem oferecer aos alunos uma compreensão mais profunda sobre as diferenças neurológicas, preparando-os para tornarem-se defensores e aliados em suas comunidades. Iniciativas voltadas à liderança e ao empoderamento juvenil reforçam ainda mais essa preparação, criando oportunidades para que os jovens desenvolvam suas vozes e habilidades de liderança. Esses projetos, frequentemente compostos por mentorias, oficinas e atividades comunitárias, fortalecem a capacidade dos jovens de assumirem o protagonismo de suas histórias, dando-lhes confiança e ferramentas para defender seus direitos e os de outras pessoas.

Abordagens inovadoras para promover a inclusão estão ganhando espaço em diversos setores, impulsionadas pelo reconhecimento do enorme valor que indivíduos neurodiversos trazem para a sociedade. Os avanços tecnológicos estão na vanguarda dessa transformação, oferecendo ferramentas e plataformas que ampliam a comunicação, a colaboração e a criatividade. Por exemplo, softwares de reconhecimento de voz, aplicativos sensoriais inclusivos e tecnologias adaptativas estão capacitando pessoas neurodivergentes a interagirem com o mundo de acordo com suas necessidades, eliminando barreiras e promovendo a acessibilidade. Políticas inclusivas em locais de trabalho e instituições de ensino também estão ganhando força, refletindo um compromisso com a criação de ambientes onde todos possam prosperar. Essas políticas, que frequentemente incluem adaptações, horários de trabalho flexíveis e treinamentos sobre diversidade, reconhecem as necessidades e os pontos fortes únicos de indivíduos neurodivergentes, oferecendo o suporte necessário para que alcancem seu pleno potencial. Ao adotar essas abordagens inovadoras, diversos setores podem construir um cenário mais inclusivo e equitativo, no qual a diversidade não apenas é aceita, mas também valorizada e celebrada ativamente.

Imaginar um futuro neurodiverso significa vislumbrar um mundo onde as diferenças não apenas são aceitas, mas celebradas como parte essencial da experiência humana. Essa visão abrange possíveis mudanças sociais que promovam maior compreensão, colaboração e inovação. Reconhece os desafios ainda presentes, entendendo que a verdadeira inclusão exige esforço contínuo e adaptação constante. No entanto, também destaca as oportunidades de crescimento e progresso, oferecendo um caminho para um futuro em que a neurodiversidade seja valorizada como fonte de força e inspiração. Ao trabalharmos por essa visão, somos lembrados do poder da ação coletiva e do impacto que cada um de nós pode ter na construção de um mundo mais inclusivo e compreensivo. Assim, o futuro da neurodiversidade deixa de ser um ideal distante para se tornar uma realidade alcançável, prometendo uma sociedade mais próspera e vibrante para as gerações futuras.

4.13 Construindo um Legado: Inspirando os Outros com Sua Jornada

Legado é um termo carregado de significados, frequentemente associado a grandes conquistas ou contribuições monumentais. No entanto, em sua essência, o legado é profundamente pessoal, refletindo o impacto que você deseja deixar no mundo e nas vidas em que toca. Para aqueles que navegam pela vida sob a perspectiva do autismo ou da neurodiversidade, o legado pode assumir uma dimensão única. Ele diz respeito às histórias que compartilhamos, às barreiras que quebramos e aos caminhos que abrimos para outros. Trata-se de ser lembrado não apenas pelo que conquistamos, mas pela maneira como inspiramos os outros a ver o mundo por uma ótica diferente, promovendo compreensão e aceitação em cada interação.

Para definir o que legado significa para você, considere os valores e princípios que guiam suas ações. Reflita sobre os aspectos da sua identidade que você valoriza e deseja transmitir aos outros. Pode ser sua resiliência diante das adversidades, seu compromisso em defender a neurodiversidade ou sua dedicação ao crescimento pessoal e aprendizado. Esses elementos formam a base do seu legado, moldando as histórias que você cria e a influência que exerce sobre os que estão ao seu redor. Ao alinhar suas ações com esses valores, você garante que seu legado seja autêntico e significativo, refletindo verdadeiramente quem você é e o que representa.

Inspirar os outros com sua jornada envolve compartilhar suas experiências, tanto as vitórias quanto os desafios, com abertura e vulnerabilidade. Histórias pessoais são ferramentas poderosas para conexão, oferecendo uma visão sobre as complexidades de viver como uma pessoa neurodivergente. Ao compartilhar essas narrativas, seja por meio da escrita, da fala ou nas interações cotidianas, você convida os outros a caminharem ao seu lado, a verem o mundo de sua perspectiva e a apreciarem a riqueza da neurodiversidade. Essas histórias desafiam estereótipos, desconstroem equívocos e promovem empatia, criando um efeito multiplicador que vai além do seu círculo imediato. Elas inspiram outros a abraçarem sua própria singularidade, a defenderem a aceitação e a contribuirem para uma sociedade mais inclusiva.

O legado que você constrói não é estático; ele evolui conforme você cresce, influenciado pelo seu desenvolvimento e pelas pessoas que encontra ao longo do caminho. Ele é cultivado pelas escolhas que você faz e pelos relacionamentos que nutre, com cada interação deixando uma marca indelével em sua vida. Pense em como você pode inspirar os outros não apenas por suas conquistas, mas também pelo seu compromisso em levantar os outros, orientando e apoiando aqueles que seguem seus passos. Ao capacitar os outros a liderar, você cria um legado de liderança dinâmico e duradouro, um legado que transcende as conquistas individuais e contribui para o progresso coletivo da comunidade.

Ao refletir sobre seu legado, lembre-se de que ele não é definido apenas por grandes gestos ou reconhecimentos públicos. Ele se encontra nos momentos silenciosos de conexão, nos pequenos atos de bondade e na coragem de ser fiel a si mesmo em um mundo que muitas vezes exige conformidade. Seu legado é a soma desses momentos, um testemunho do impacto que você tem nas vidas que toca e da mudança que inspira. Ele nos lembra de que cada um de nós, independentemente das circunstâncias, tem o poder de deixar uma impressão duradoura, moldar a narrativa da neurodiversidade e pavimentar o caminho para um futuro onde todas as vozes sejam ouvidas e valorizadas.

Conclusão

À medida que concluímos essa jornada de capacitação, quero avaliar os temas centrais que foram entrelaçados em cada etapa deste guia: identificação, habilidades sociais, empoderamento profissional e melhoria contínua. Essa jornada foi sobre abraçar quem você é, reconhecendo as forças extraordinárias que vêm com o fato de ser um adulto autista e utilizando essas forças para traçar seu caminho rumo ao sucesso. Ao longo dessas páginas, navegamos pelo complexo terreno da autodescoberta, abordando tudo, desde a compreensão da sua identidade neurodivergente até as abordagens práticas para prosperar social e profissionalmente.

Vamos dedicar um momento para revisar os principais aprendizados de cada fase.

Começamos com a jornada de identificação e autoconfiança, onde exploramos a experiência transformadora de um diagnóstico tardio de autismo, incentivando você a abraçar sua neurodiversidade como uma fonte de força, e não uma limitação. Em seguida, avançamos para as habilidades sociais e os relacionamentos, fornecendo ferramentas para interpretar sinais sociais e criar conexões significativas, tudo enquanto lidava com a ansiedade social com leveza e competência.

No mundo do desenvolvimento profissional, exploramos o papel essencial de desenvolver suas forças únicas, promover as adaptações necessárias no ambiente de trabalho e a arte de fazer *networking* com excelência. Analisamos também como o empreendedorismo pode ser uma tela para pintar sua visão de sucesso e como as sutilezas sociais enriquecem a tapeçaria da neurodiversidade.

As últimas fases concentraram-se na melhoria contínua, nas quais discutimos a redefinição da normalidade, o estabelecimento de objetivos alcançáveis e a promoção do pensamento criativo e da inovação como alicerces do sucesso duradouro.

Refletindo sobre essa jornada, espero que você tenha encontrado os métodos e *insights* apresentados aqui tanto informativos quanto práticos. É meu sincero desejo que essas ferramentas tenham preparado você para o sucesso pessoal e profissional, capacitando-o a ver suas características neurodivergentes como ativos. À medida que segue em frente, lembre-se de que a autovalidação é a base, juntamente com o verdadeiro empoderamento. Aceite suas distinções, pois elas são sua maior força, permitindo que você viva de maneira única e confiante.

Ao longo deste guia, seja participando de tarefas no ambiente de trabalho, criando redes de contato e parcerias, ou conquistando objetivos pessoais, permita que suas forças sejam sua luz orientadora.

A jornada de autodescoberta é contínua. Conforme você continua a explorar e abraçar sua identidade neurodiversa, use as ferramentas e estratégias que discutimos para enfrentar desafios e celebrar suas contribuições únicas ao mundo. O crescimento contínuo não é apenas um objetivo, mas um modo de vida. Desafie as normas sociais, redefina o sucesso nos seus próprios termos e busque o aprendizado e a adaptação ao longo da vida, tanto no âmbito pessoal quanto profissional.

Por favor, utilize o entendimento que você adquiriu e coloque em prática estratégias de autoadvocacia, participe de comunidades que ofereçam apoio e estabeleça e busque objetivos pessoais. Procure ou construa espaços que celebrem a neurodiversidade, pois conexões e experiências compartilhadas são essenciais para promover um sentimento de pertencimento e apoio.

Advogar pela neurodiversidade é uma maneira eficaz de utilizar sua voz e experiências para promover compreensão e aceitação, desafiando modelos e equívocos sobre o autismo.

Cultive um senso de comunidade entrando em contato com outras pessoas que compartilham experiências semelhantes. Juntos, podemos construir um mundo onde a neurodiversidade seja celebrada e valorizada.

À medida que você avança em seu caminho, reflita sobre como pode usar sua jornada e experiências para influenciar e apoiar os outros, contribuindo positivamente para suas comunidades. Seja uma luz de defesa e inspiração, promovendo um legado de compreensão e aceitação para as futuras gerações.

Por fim, expresso minha mais profunda gratidão por sua participação nesse livro. Sua disposição para embarcar nessa jornada de descoberta e crescimento simboliza a esperança de um futuro em que a neurodiversidade seja aceita e abraçada como um componente vital e enriquecedor da sociedade. Abrace sua identidade única, aproveite suas forças e saiba que uma vida plena e bem-sucedida o aguarda além dos rótulos.

Por favor, não se esqueça de compartilhar suas experiências comigo e com a comunidade deixando sua opinião honesta sobre este livro na *Amazon*. Dessa forma, você ajudará outras pessoas, de alguma forma relacionadas ou interessadas no TEA, a encontrarem as informações que estão procurando, além de transmitir sua paixão sobre como alcançar o sucesso além dos rótulos do espectro. Se possível, uma avaliação em foto ou vídeo será ainda melhor.

https://www.amazon.com/review/review-your-purchases/?asin=B0DSCMDVT2

Com otimismo e profunda gratidão a cada leitor, aguardo ansiosamente um mundo onde cada indivíduo seja valorizado por suas contribuições únicas e a neurodiversidade seja celebrada como um alicerce de nossa humanidade coletiva.

Referências

Adina ABA. (n.d.). *The best strategies for fostering autism and empathy*. Retirado de https://www.adinaaba.com/post/autism-and-empathy

Autism Parenting Magazine. (n.d.). *Autism and social cues: Understanding the challenges*. Retirado de https://www.autismparentingmagazine.com/autism-and-social-cues/

Autism Society. (n.d.). *Creating connections for the autism community*. Retirado de https://autismsociety.org/

Borghesi, F., Simoncini, G., Chirico, A., & Cipresso, P. (2024). *In medio stat virtus: Moderate cognitive flexibility as a key to affective flexibility responses in long-term* HRV. Sensors, 24(24), 8047.

Department of Labor. (n.d.). Autism. Retirado de https://www.dol.gov/agencies/odep/program-areas/autism

Ebener, D., Fioramonti, D., & Smedema, S. (2016). *Career development in men with disabilities: A psychosocial perspective*. Career Planning and Adult Development Journal, 32(1), 120–129.

Enna. (n.d.). *Neurodiversity and career development: Strategies for advancement*. Retirado de https://enna.org/neurodiversity-and-career-development-strategies-for-advancement/

Goldstar Rehabilitation. (n.d.). *Uncovering the negative impact of late autism diagnosis*. Retirado de https://www.goldstarrehab.com/parent-resources/negative-effects-of-an-autism-diagnosis-later-in-life#:~:text=Individuals%20diagnosed%20later%20in%20life,to%20those%20diagnosed%20in%20childhood

Harvard Business Review. (2017, May). *Neurodiversity is a competitive advantage*. Retirado de https://hbr.org/2017/05/neurodiversity-as-a-competitive-advantage

Kenneth Roberson, PhD. (n.d.). *Effective communication skills for adults with autism*. Retirado de https://kennethrobersonphd.com/discover-effective-communication-tools-for-adults-with-autism-asd/

Knowledge Anywhere. (n.d.). *5 strategies for encouraging lifelong learning and continued edu*cation. Retirado de https://knowledgeanywhere.com/articles/five-strategies-for-encouraging-lifelong-learning-and-continue d-education/

Marcia Eckerd, PhD. (n.d.). *Navigating life goals as an autistic adult: Strategies for success.* Retirado de https://www.marciaeckerd.com/post/navigating-life-goals-as-an-autistic-adult-strategies-for-success

PubMed. (n.d.). *Representation of autism in fictional media: A systematic review.* Retirado de https://pubmed.ncbi.nlm.nih.gov/36802826/

Relational Psych. (n.d.). *Self-advocacy strategies for neurodivergent adults.* Retirado de https://www.relationalpsych.group/articles/self-advocacy-strategies-for-neurodivergent-adults

Sachs Center. (n.d.). *Social anxiety in adults with autism.* Retirado de https://sachscenter.com/social-anxiety-in-adults-with-autism/#:~:text=It%20is%20essential%20to%20 know,in%20dealing%20with%20social%20anxiety

Workvivo. (n.d.). *6 ways to create an autism-inclusive workplace.* Retirado de https://www.workvivo.com/es/blog/six-ways-to-create-an-autism-inclusive-workplace/

Xceptional Academy. (n.d.). *5 autistic professionals share their networking tips.* Retirado de https://xceptionalacademy.org.au/5-autistic-professionals-share-networking-tips/#:~:text=I%20try%20 to%20find%20a,those%20are%20my%20go%2Dtos

www.ingramcontent.com/pod-product-compliance
Lightning Source LLC
LaVergne TN
LVHW010947051026
849532LV00003B/1168